*Una predicación efectiva
para el siglo XXI* —Juan Medina

EL MENSAJE QUE PREDICAMOS

*La carga preocupante del
pastor* —Les Thompson

> LOGOI enfoca su labor en incentivar, enseñar y ayudar bíblicamente a pastores y líderes hispano parlantes. Para más detalles e información diríjase a nuestra página web, www.logoi.org.

El Mensaje que Predicamos © 2017 Logoi, Inc.
Miami, Florida
Todos los derechos reservados

ISBN 978-1-938420-75-7

© 2008 por Logoi, Inc.
Publicado por Ministerios LOGOI, Miami, Florida.

MINISTERIOS LOGOI
12900 SW 128th St., Suite 204
Miami, Florida, 33186

Editora: Angie Torres Moure
Diseño textual: Ark Productions
Portada: Meredith Bozek

Ninguna parte de esta publicación podrá reproducirse de cualquier forma sin autorización previa, y por escrito, de los editores, con la excepción de citas breves en revistas o reseñas. Todos los derechos reservados.

© Sociedades Bíblicas Unidas
Las citas bíblicas de la versión Reina Valera (RVR) revisión 1960, son usadas con la debida autorización.

Contenido
UNA PREDICACIÓN EFECTIVA PARA EL SIGLO XXI
por Juan Medina

Prólogo 5
Palabras Introductorias 6
Capítulo 1: La predicación expositiva 8
    Introducción 8
    Importancia de la predicación expositiva 9
    Ideas erróneas que evitar 10
    Definición de predicación expositiva 10
    Características de la predicación expositiva 12
    Conclusión 13
    Preguntas de repaso 13
    Trabajo Práctico Capítulo 1 14
Capítulo 2: Cuatro etapas en la preparación de sermones expositivos 15
    Introducción 15
    Tomando contacto con el pasaje o texto bíblico (Familiarización) 16
    Observación 18
    Preguntas de repaso 21
    Trabajo Práctico Capítulo 2 22
Capítulo 3: Cuatro etapas en la preparación de sermones expositivos 25
    Introducción 25
    Entendiendo el Significado del pasajeo Interpretación: 25
    Preguntas de repaso 28
    Taller Práctico Capítulo 3 28
    Lista de libros recomendados 32
Capítulo 4: El proceso en la preparación de sermones expositivos 35
    Introducción 35
    Determinación del Tema que trata el Pasaje o Formulación de la Idea Centra 35
    Definiciones básicas 36
    Enunciando la Idea Central 38
    Idea central 39
    Puntos Mayores: 39
    Desarrollar la Idea Central: 39
    La Idea Central puede ser Explicada 40
    La Idea Central puede ser Probada o Demostrada: 40
    La Idea Central: "La Resurrección del Creyente es una Gloriosa Realidad" 41
    La Idea Central puede ser Ampliada: 41
    Estructurar el Sermón 41
    Elaborar el bosquejo menor – los subpuntos 42
    Preguntas para repaso: 42
    Trabajo Práctico Capítulo 4 43

Capítulo 5: El proceso en la preparación de sermones expositivos 49
   Introducción 49
   Llegando a los oyentes con la Palabra de Dios o Comunicación: 49
   Elaborar la Idea Homilética o Predicable 50
   Traslader los puntos mayores a expresiones homiléticas 50
   Escribir el bosquejo final con todos sus elementos: 50
   La introducción 51
   El propósito del sermón 53
   El cuerpo del sermón 53
   La conclusión 55
   Una sugerencia final: Escribir el manuscrito del sermón 56
   Repasar el sermón las veces que sea necesario 56
   Conclusión 56
   Preguntas de repaso 57
Apéndice I : Modelo de manuscrito 58
   Introducción 58
   Idea Central 60
   Conclusión 62
Apéndice II: La creatividad en la predicación 63
   Introducción 63
   Creatividad en la lectura 63
   Creatividad de la lectura en el púlpito: 64
   El uso de la plataforma 65
   Aspectos de creatividad 66
   Una observación breve, pero necesaria 68
   Conclusión 68

LA CARGA PREOCUPANTE DEL PASTOR
por Les Thompson

Introducción 71
Lo pedido por Cristo Jesús 71
La tarea difícil que nos dejó 72
La carga del Señor 72
   La carga de la eternidad 72
   La carga de nuestra pecaminosidad 73
   La carga por las almas 74
   La carga del mismo Señor 75
¿Qué queremos decir con "predicar a Cristo"? 75
La identificación del predicador con la carga del Señor 77
Una identificación penosa 79
Conclusión 80

UNA PREDICACIÓN EFECTIVA PARA EL SIGLO XXI

por Juan Medina

Prólogo
al Manual de Predicación
Expositiva
de Héctor Juan Medina

M E SIENTO HALAGADO AL ESCRIBIR ESTE PRÓLOGO por petición del autor de este nuevo Manual de Predicación Expositiva. Conocí al autor como un estudiante en el Seminario Teológico Centroamericano hace 20 años. Desde entonces Juan no ha dejado de estudiar ni de entusiasmarse con el ministerio cristiano, particularmente con la predicación expositiva. Prueba de ello es este manual.

Como el autor bien lo dice en la introducción, hay crisis en los púlpitos latinoamericanos. La Palabra de Dios está desapareciendo de los púlpitos latinoamericanos para dar lugar a otras palabras. Es en este contexto que surge el presente manual, buscando llenar un vacío no solamente en el púlpito, sino en las publicaciones cristianas en América Latina. Casi no hay libros escritos originalmente en español que traten el tema de la predicación expositiva para orientar a tantos pastores y predicadores que necesitan tal orientación.

El presente manual será una herramienta útil en las manos de los predicadores. Ellos podrán entender qué es la predicación expositiva, cuál es su importancia y cómo elaborarla. El manual contiene todos los elementos indispensables para la elaboración de sermones expositivos con algunos ejemplos para ilustrar los conceptos. También se ofrece una pequeña bibliografía sobre los asuntos hermenéuticos, que son herramientas para el estudio bíblico inductivo. Estoy seguro que los estudiantes que usen este manual estarán capacitados para la elaboración y entrega de sermones expositivos.

Animo a los lectores a estudiar y disfrutar este manual y a compartirlo con otros colegas pastores y predicadores. No cabe duda que Juan Medina ha hecho una contribución importante para la formación de futuras generaciones de predicadores de la Palabra de Dios en nuestra querida América Latina.

Felicito a LOGOI por demostrar interés en la formación de predicadores bajo la filosofía de la predicación expositiva al publicar este manual. Es mi deseo que los talleres y conferencias donde se usará, cumpla los fines para los cuales se escribió.

David Suazo J.
Guatemala, febrero de 2008

Palabras Introductorias

¿UN NUEVO LIBRO de cómo preparar sermones? Esto no ha sido mi intención en ningún momento. Pero, entonces ¿por qué? El mismo responde. En primer lugar a la preparación de una serie de conferencias que se darán dentro del programa de Ministerios LOGOI en América Latina. En segundo lugar, y aunque hoy encontramos en Internet y/o en algunas librerías cristianas libros que tratan el tema, la mayoría de ellos siguen las pautas de la enseñanza homilética tradicional.

El presente trabajo se centra en lo que es la Predicación Expositiva, enfatizando su valor y necesidad actual. Esto último, en virtud de que el ministerio de predicación actual está venido a menos en muchas de las iglesias denominadas evangélicas. Escuchamos más el pensamiento de hombres y no tanto el deseo de Dios expresado en su Palabra.

Lamentablemente vivimos la "era de los cultos de celebración" y la predicación de la Palabra de Dios, y aún la lectura de la misma; han quedado relegadas a un lugar de relleno dentro de estos cultos. Hoy queremos alabar, queremos danzar, queremos ver lindas presentaciones de coreografías, y otras formas que nos atraigan o diviertan, pero, llegado el tiempo de leer la Biblia o de escuchar lo que ella tiene para decirnos, medimos el tiempo para que no sea demasiado extenso. ¿Podremos recuperar ese lugar y tiempo perdido?

Es más, aún la Predicación Expositiva continúa experimentando cambios importantes y que en su momento trataremos de abordar en una revisión del presente libro. La narrativa, la creatividad, y el vasto mundo de la literatura, otorgan elementos que están dando más fuerza a la importancia de la predicación expositiva.

En esta introducción, quiero expresar mi más sincera gratitud a todos y cada uno de mis profesores del Seminario Teológico Centroamericano de Guatemala y también a aquellos colegas, junto a los cuales pude formar experiencia enseñando durante tres años en las aulas del SETECA y a partir de entonces en los lugares donde Dios me ha permitido servirle. Entre los profesores que me guiaron en la predicación expositiva, necesito nombrar a hombres tales como el Dr. David Suazo, y al Lic. Ismael Ramírez. De hecho, el principal de ellos es el Dr. Suazo, porque fue él quien comenzó a darme las herramientas necesarias para alcanzar la oportunidad de que este sencillo libro viera la luz.

Entre mis colegas que compartieron el aula para enseñar estos principios, debo mencionar al Dr. Guillermo Méndez Salic, El Lic. Marcos Choate, y el Prof. Eliú Teo. Gracias a cada uno de ellos. Sus aportes mientras compartíamos aula son hoy muy importantes en la concretización de este esfuerzo.

Por supuesto, deseo expresar mi gratitud al SETECA como institución. El paso por sus aulas no sólo me dio la oportunidad de aprender estos principios para la predicación, sino que también me ayudó a ampliar los horizontes ministeriales con el cúmulo de cursos de diversos temas.

Sin embargo, no sería justo si no reconociera a la primera institución y mis primeros profesores que me ayudaron a amar la labor de pastor y de maestro. Es necesario entonces mencionar al Instituto Bíblico Bahía Blanca en la República Argentina (hoy, tristemente cerrado). Allí, en el inicio de mi vida cristiana conocí y comencé a beber las más ricas enseñanzas de profesores tales como: Fred Frewing (hoy con el Señor), Ronald Hetherington, Alberto Roldán, y Osvaldo Romano, entre otros.

Deseo también agradecer a mi hijo Roberto Daniel por leer y corregir forma y estilo. Sus sugerencias han sido de suma importancia para que este libro tenga una presentación aceptable a todos ustedes que lo leerán y que con seguridad utilizarán.

Finalmente, quiero agradecer al Dr. Leslie Thompson de Ministerios LOGOI por brindarme la oportunidad de escribir este libro y al mismo tiempo ser parte de su equipo y brindar estos principios en conferencias dentro de América Latina. Dr. Les, ¡muchas gracias! Dios siga bendiciendo su vida y ministerio.

Quiera Dios utilizar este pequeño aporte para su gloria y honor. Mi gratitud a Dios se expresa en las palabras del apóstol Pablo: *"Doy gracias al que me fortaleció, porque me tuvo por fiel poniéndome en el ministerio"*.

Capítulo 1
La Predicación Expositiva

Introducción:

DICE PABLO ESCRIBIENDO A LOS CORINTIOS: *"Puesto que en la sabiduría de Dios, el mundo no ha conocido a Dios mediante la sabiduría, **a Dios le pareció bien salvar a los creyentes por la locura de la predicación**"*. (1 Co. 1.20-21) Pero, ¿cómo será esto? El Dr. Les Thompson señala en un interesante artículo sobre la aplicación, lo siguiente: "Dios escogió el medio de la predicación para salvar al mundo".[1] Sin embargo, hoy tenemos una gran variedad de predicadores en los púlpitos latinoamericanos, menos predicadores de la Palabra de Dios. Unos gritan, otros cuentan historias, otros dan opiniones políticas, hasta hay quienes leen la prensa escrita. Algunos son divertidos y otros demasiados serios. Predicadores que citan un versículo de la Biblia y hablan por una hora de otros asuntos; mientras otros estudian un libro 'versículo por versículo' y hablan del griego y del hebreo. No estamos diciendo que esto sea malo. Pero las formas no son lo importante sino el contenido. El problema es que el resultado es siempre el mismo, todos argumentan estar compartiendo la Palabra de Dios, aunque esto no sea real.

Hemos sustituido el medio escogido por Dios, para poner en práctica el medio que a nosotros nos parece mejor. Vaya hoy a una iglesia y haga una evaluación del culto. ¿Qué cosas ocupan la mayor parte del tiempo? Va a encontrar que la alabanza, la proyección de películas, la dramatización, las coreografías, etc. son hoy el atractivo de los cultos.[2] Y necesitamos entonces hacernos la pregunta: ¿Qué lugar ocupa la lectura y la exposición de la Palabra de Dios? Muy poco. Actualmente, la lectura de la Palabra de Dios ha quedado relegada a un segundo plano; y qué decir de la predicación, lo que más se escucha es el pensamiento y razonamiento personal del predicador y no así el pensamiento de Dios expresado en Su Palabra.

En este manual nos proponemos considerar los elementos más importantes de lo que es la Predicación Expositiva y es mi deseo que al avanzar en cada una de los capítulos,

---

[1] Dr. Les Thompson, Guía Pastoral, "La Aplicación: Lo Más Importante del Sermón", Vol. 05/97
[2] El Dr. Thompson dice: *"Aunque estos sustitutos tengan su lugar, jamás deben reemplazar lo que Dios escogió"*. Guía Pastoral, Ibid.

usted pueda encontrar la motivación para comenzar a ser un predicador expositivo, alguien que con creatividad presenta el mensaje de Dios a la gente.

Entonces, ¿qué es la exposición bíblica? ¿Cómo podemos estar seguros de que lo que estamos presentando es realmente lo que la Biblia dice?

Personalmente, creo que el único y real método para comunicar la Palabra de Dios es la predicación expositiva; sin embargo, existe mucha confusión en cuanto a qué es y cómo hacerlo. La predicación expositiva es la comunicación directa de la palabra de Dios. La necesidad de predicadores expositivos es muy grande. Predicadores que realmente estén dispuestos a compartir lo que Dios realmente desea compartir a la gente y llevarles a un cambio en sus vidas. Con el libro se intenta ayudar a cada uno a entender la importancia de la predicación expositiva e introducirlos a su práctica.

Pero antes de entrar al desarrollo del tema, permítame compartirle un sentimiento personal. He tenido, a lo largo de más de treinta años como creyente en Cristo, el gozo de escuchar a muchos y variados predicadores. Sin embargo, no puedo dejar de recordar a aquellos que supieron predicar expositivamente; esta manera hizo que la palabra de Dios se hiciera real en mi vida. Cuando he preguntado a esos predicadores el por qué de predicar expositivamente la respuesta ha sido: *"no hay mejor satisfacción al saber que uno ha comunicado la Palabra de Dios y llegado con ella al corazón de la gente"*.[3]

Importancia de la Predicación Expositiva:

Hacen falta predicadores expositivos: Pero, ¿por qué no contamos con muchos de ellos? ¿Produciría resultados más profundos en la iglesia? Ahora, algunos no lo hacen porque no lo entienden y otros argumentan que exige demasiado tiempo[4] y hasta que es 'difícil' predicar de esa manera. Pero Dios exige lo mejor. Vea la exhortación de Pablo a Timoteo: "*Te encarezco delante de Dios y del Señor Jesucristo, que juzgará a los vivos y a los muertos en su manifestación y en su reino, que prediques la palabra, que…*".(2 Ti. 4:1-2)[5]

Por otro lado, hace falta explicar qué es realmente la predicación expositiva: El sistema tradicional de homilética enseñado en los seminarios e institutos presentaba la palabra 'expositiva' como uno de los varios tipos de predicación. Se decía: Sermón expositivo, biográfico, doctrinal, evangelístico, etc.[6]

También hace falta enfatizar la predicación expositiva como una de las principales tareas del pastor: Hoy, muchas iglesias 'usan' a su pastor para hacer visitación, evangelizar, administrar, dirigir, en fin. Todo esto que mencionamos no deja de ser importante. Son aspectos ministeriales que necesitan ser cubiertos y en la mayoría de los casos el pastor es la persona clave para que sean realidad. Claro, con tanto para hacer, ¿cómo podrá el

---

[3] Palabras expresadas por el Dr. Oscar López, Profesor en el Dallas Theological Seminary.
[4] Y no negamos que así sea. Realmente, preparar sermones expositivos demanda tiempo y esfuerzo que no todos estamos dispuestos a dar. Douglas M. White dice: *"Muchos están en contra del método expositivo porque consideran que es un recurso de pereza intelectual, y lo utilizan como un subtituto en alguna emergencia. Esto puede atribuirse al hecho de que el predicador no dedicó el tiempo necesario para la preparación de su sermón"*. Douglas M. White, Predicación Expositiva, Casa Bautista de Publicaciones, 1980, pág. 34
[5] Vea también los siguientes pasajes: Hch. 20:27; 2 Ti. 2:15, 3.16-17. ¿Cómo podemos ser efectivos sino predicamos la palabra de Dios?
[6] Prof. Fernando Jiménez, Elaboración de Sermones y Estudios Bíblicos (Tomado de Internet). Dice: ¿Cuántas clases de sermones hay? Existen muchas formas de exponer la Palabra de Dios. Todas válidas y, en su mayoría, eficaces. Pero durante nuestra serie nos enfocaremos a estudiar las bases para elaborar: sermones textuales, expositivos, temáticos y biográficos. Son cuatro géneros que le permitirán al orador, presentar el mensaje de Dios a su pueblo. Pág. 1

pastor preparar un buen mensaje expositivo? No obstante, mencionar esto nos trae a la memoria lo sucedido en los primeros tiempos de la iglesia narrado en Hechos 6:1-7 y que, en el versículo 2 leemos: *"No es justo que nosotros dejemos la Palabra de Dios, para servir a las mesas".*[7] De ninguna manera los apóstoles estaban despreciando el ministerio de atender a las mesas, pero veían la importancia de mantener centrada su atención en la predicación de la Palabra de Dios.

Y finalmente, hace falta explicar qué es la mejor manera para predicar lo que la Biblia dice.[8] Hay otras formas de hacerlo, pero estas, no tratan exactamente lo que la Biblia dice. El Dr. Robinson afirma que: *"la autoridad tras la predicación no yace en el predicador sino en el texto bíblico"*[9]. Vale la pena el esfuerzo de preparar mensajes expositivos, y aunque suene egoísta, **es la única forma de predicar la Biblia**. Esto, porque da prioridad al texto combinándolo, o no, con diferentes métodos de comunicación.

Ideas Erróneas que Evitar:

Aclarando, tenemos que saber que la predicación expositiva no se trata de una 'nueva técnica' para predicar. Puede ser nuevo para algunos, y hasta puede incluir técnicas de preparación y predicación que para muchos pueden resultar desconocidas, pero eso no la define.

Tampoco es uno de los varios tipos de predicación de la homilética tradicional, como ya lo mencionamos. Por el contrario, cada uno de los diferentes tipos de predicación que se enseñan en la homilética tradicional, necesitan ser también de carácter expositivo.

Por otro lado, no es sorprendente para nada una 'nueva' manera de preparar mensajes. No se está innovando nada. Simplemente estamos tratando de hacer que la Biblia llegue al corazón de la gente con su mensaje. Podemos cambiar e innovar en la presentación del mensaje, pero éste, gracias a Dios, mantendrá la esencia de la exposición: explicación y aplicación del texto bíblico.

Y es que hay quienes creen que la predicación expositiva es hacer un comentario 'versículo por versículo', en orden y hablando del griego. No es así. De hacerlo, esto implicaría una explicación del texto bíblico, pero le faltaría lo más importante: la pertinencia y aplicación del texto a la vida del oyente.

Y finalmente, no es simplemente una 'moda' en las ciencias de la comunicación que ahora se ha llegado aplicar al estudio y comunicación de la Biblia. El deseo es que la predicación expositiva (juntamente con la lectura de la Palabra de Dios) vuelva al lugar que nunca debió haber perdido en nuestras iglesias locales.

Definición de Predicación Expositiva:

La predicación expositiva *"es la comunicación de un concepto bíblico engendrado por medio de un estudio de un pasaje bíblico en su contexto histórico, gramatical, literario; aplicado*

---

[7] Todas las citas bíblicas son tomadas de la Versión Reina Valera 1960, salvo en los casos donde se hará la respectiva llamada bibliográfica.
[8] Dr. Haddon Robinson, La Predicación Bíblica. El Dr. Robinson dice: "El tipo de sermón que mejor transmite el poder de la autoridad divina es la predicación expositiva". Pág. 17
[9] Ibid. Pág. 22

por medio del Espíritu Santo, primero, en la persona del predicador y luego, a través de él a los oyentes".[10] Esta definición ha sido adaptada de H. W. Robinson en su libro *Biblical Preaching: The Development and Delivery of Expository Messages*, Pág. 20 (Hay versión en castellano de este libro: *Cómo Desarrollar y Predicar Mensajes Expositivos: La Predicación Bíblica* (2000). Editado por UNILIT para FLET (Facultad Latinoamericana de Estudios Teológicos).

Según Oscar López: *"Es la comunicación de la Palabra de Dios a través de la personalidad del que predica"*.

Veamos los diferentes elementos que se encuentran en la definición provista por Robinson. La idea es mostrarles estos aspectos porque nos ayudan a observar la verdadera importancia del predicar expositivamente.

a. Conceptos incluidos: La predicación expositiva es una filosofía[11] que debe aplicarse a cualquier tipo de sermón.

b. El texto bíblico controla el mensaje: Se predica la idea que sale del texto y no del predicador. El texto además, controla todas las partes del mensaje.

c. Se predica un solo concepto bíblico (idea central)[12]: Pueden existir otras ideas, pero cada una de ellas estará supeditada a una central.

d. El estudio bíblico es clave en la predicación expositiva: Esto requiere la utilización de los métodos de estudio bíblico, la interpretación (hermenéutica) y el estudio de los idiomas originales y su estructura gramatical.

e. El estudio requiere que el predicador se involucre: El predicador debe estar involucrado desde el mismo momento en que elige el texto que predicará. Debe vivir el texto, no solo en el momento de estudio sino también al compartirlo y al ponerlo en práctica. Alguien decía que: *"La predicación debe salir de su propia vida"*.[13]

f. El mensaje debe ser aplicado a la vida de los oyentes: No debe ser algo que apele solo al intelecto, tiene que bajar al corazón para transformar vidas.[14] La predicación expositiva sin aplicación es como un rifle sin balas, puede ser bonito pero inútil.

g. La predicación es un acto físico y mental: Después de hacer el estudio, es necesario presentar el resultado, esto involucra el cuerpo, la voz, etc.

---

[10] Haddon Robinson, Pág. 18
[11] Es decir: Una forma de presentación de la Palabra de Dios y que debe aplicarse a todo sermón que toque predicar.
[12] Vea el siguiente ejemplo: Juan 3:16 / Tenemos acá una serie de pensamientos, se nos habla del amor de Dios, del creer en Jesucristo, de la vida eterna. Pero, ¿cuál es la idea dominante del pasaje? Como decimos, habrá una sola idea, no dos ni tres. Una idea de este pasaje sería: "**La Mayor Expresión de Amor al Hombre viene de Dios**".
[13] Robinson, citando a William Barclay dice: "La verdadera predicación ocurre cuando un corazón amoroso y una mente disciplinada se ponen a disposición del Espíritu Santo". Pág. 25
[14] Citamos una vez más a Robinson: "El expositor piensa en tres aspectos. Primero, como exégeta, lucha con los significados del escritor bíblico. Luego, como hombre de Dios, batalla con la forma en que Él quiere cambiarlo personalmente. Por último, como predicador, reflexiona en lo que Dios quiere decirle a su congregación". Pág. 25

Características de la Predicación Expositiva[15]:

Antes que nada, todo mensaje expositivo debe tener **una idea central**:

La característica principal de la predicación expositiva es que cada sermón tiene *una idea central* que es la condensación del mensaje bíblico (puede ser un pasaje, un libro, una doctrina, un personaje, etc.) No tener una idea central significará que no se ha hecho un buen estudio para encontrarla. La idea central es un principio básico de la comunicación entre los hombres.

Por otro lado, todo mensaje expositivo debe **explicar el texto bíblico**:

Este es el fundamento de la predicación expositiva. Si no hay explicación del texto bíblico no hay mensaje. Puede compartirse una idea u opinión, dar una charla religiosa, o animar a las personas a evangelizar con principios bíblicos; pero esto no será un mensaje o sermón. No debe olvidarse que decimos estar predicando la Palabra de Dios y si lo hacemos por medio del Espíritu Santo, sólo ella puede cambiar el corazón y la mente de los oyentes.

Además, todo mensaje expositivo debe tener **una estructura lógica, coherente y clara:**

Esto es básico para la comunicación precisa y eficaz. Si no existe una estructura clara, tampoco se puede esperar que las personas entiendan el mensaje. No es suficiente tener la idea central y hacer la explicación del texto, lo que se necesita es desarrollar la idea central de forma ordenada y lógica para que los oyentes comprendan lo que queremos comunicarles.

El estudio hecho por medio de la exégesis y la hermenéutica debe integrarse al sermón de tal manera que se logre un todo, y no unas apreciaciones sueltas.

Finalmente, todo mensaje expositivo debe **hablar a los oyentes de hoy:**

El mensaje tiene que hablar a nuestro contexto y este puede variar cada vez que uno predica. No será lo mismo predicar en América Latina que en los EE.UU. No será lo mismo predicar a un grupo de jóvenes o a un grupo de niños. Y aún, cuando se predica a una congregación diversa, el predicador tendrá que tener el cuidado de predicar para todos y no sólo para un grupo dentro de ella. Todo, la explicación, aplicación, lenguaje, ilustraciones, y demás libretos, deben estar de acuerdo al contexto del predicador y su audiencia[16].

La meta de la Predicación Expositiva la hace única y es muy importante saber a dónde vamos. Esta meta se puede ver en los siguientes tres aspectos:
   a. Estimular la fe
   b. que resulta en vidas cambiadas
   c. para la gloria de Dios

---

[16] La tarea del predicador es establecer un puente entre el contexto bíblico y el contexto del oyente. Podemos tirarnos al río y nadando intentar llegar a la otra orilla; pero lo mejor será establecer ese puente que nos llevará con seguridad al corazón del oyente y es a quien deseamos afectar con el mensaje de la Palabra de Dios.

[15] No confundir un Sermón Expositivo con un Estudio Bíblico. El Estudio Bíblico no sólo necesita la participación del maestro, también es de vital importancia la participación de los alumnos. Estos participan activamente y no de forma pasiva. Por otro lado, el estudio bíblico es una explicación del texto en sí y no se requiere de la aplicación de su contenido.

Conclusión:

Concluimos entonces en que toda predicación bíblica debe ser expositiva. Suena fuerte, pero basado en los principios anteriores es el fondo de la predicación de la Biblia. El sermón puede ser de cualquier tipo: temático, biográfico, ocasional, evangelístico, etc., pero en el fondo, tiene que ser la exposición de la Palabra de Dios.

De no ser así, solo estaremos expresando nuestras propias opiniones con versículos a la par y no tenemos ese derecho. No hay duda que es más difícil y requerirá de mayor esfuerzo, pero el esfuerzo por lo difícil valdrá la pena. Valdrá la pena el aplicar lo que Dios quiere en la vida de las personas. ¡No hay reto más grande! *¡¡ACÉPTELO!!*

Preguntas de Repaso:

Estas preguntas pueden servirle para ayudarse a recordar los conceptos aprendidos. ¡Oblíguese a sí mismo para realizarlas!

1. ¿Cuál es la razón fundamental por la que señalamos que la predicación expositiva es la más adecuada y necesaria para la predicación de mensajes bíblicos?
2. ¿Qué ideas equivocadas existen cuando se insiste en la necesidad de la predicación expositiva?
3. Intente una definición propia sobre lo que usted entiende que es la predicación expositiva.
4. ¿Cuántas ideas debe tener un mensaje bíblico y expositivo?
5. ¿Cuál es el propósito de todo mensaje bíblico?
6. ¿A qué nos referimos con una estructura lógica, coherente, y clara en el mensaje bíblico?
7. Es necesario recordar que todo mensaje bíblico es para los oyentes, entonces, ¿cómo hacerlo?
8. Se habla de diferentes formas o tipos de predicación, ¿qué se sugiere en este estudio?

Trabajo Práctico Capítulo I

En cada capítulo ofreceremos uno o dos ejemplos prácticos de cómo ir realizando el trabajo en la preparación de un sermón expositivo.

Ejemplo # 1: Juan 3.16

¿De quién habla el pasaje? ¿Qué nos dice acerca de quien habla? Este es el aspecto que llamamos: descubrir la idea o el concepto central.

Juan nos habla del amor de Dios, del creer en Jesucristo, de la vida eterna. Pero, ¿cuál es la idea dominante del pasaje? En mi apreciación, la idea sería: "**La Mayor Expresión de Amor al Hombre viene de Dios**". ¿Por qué?

a. Porque nos da el don más preciado: Su Hijo
b. Porque nos incluye a todos sin excepción
c. Porque nos ofrece la solución al pecado: La vida eterna

Ejemplo # 2: Génesis 45:5-8

Una vez más: ¿De quién habla el pasaje? ¿Qué nos dice acerca de quien habla? El pasaje nos habla de José, de su familia, de Dios. ¿Cuál es la idea que domina el pasaje? Lo que vemos es que Dios actúa a favor de José para bendecir a su familia. Entonces, la idea o concepto central sería: "**Dios Conduce la Vida de José para Preservar a su Familia**". ¿Cómo lo hace?

a. Por medio de circunstancias adversas (vv. 5-6)
b. Por medio de una intervención soberana (vv. 7-8)

Esta es una manera de que usted, al estudiar este manual vaya acostumbrándose a trabajar en la idea o concepto central al que nos hemos referido en el primer capítulo.

Capítulo 2
Cuatro etapas en la preparación de sermones expositivos
La Selección y Observación del Pasaje

Introducción:

¿QUÉ SE REQUIERE PARA PREPARAR UN SERMÓN EXPOSITIVO? ¿Cómo se prepara? La predicación es más que un proceso de preparación y presentación de mensajes bíblicos. Es ciencia y arte, y obviamente necesita de la guía del Espíritu Santo. Por esto, se constituye en algo que puede investigarse a fin de encontrar los principios de la comunicación, y algo que se mejorará mediante la práctica.

Esta es la razón del presente manual y ciclo de conferencias. La finalidad es ayudar a todos aquellos que se encuentran involucrados en la tarea pastoral; cuyos principales componentes incluye predicar "todo el consejo de Dios". Es mi deseo que con estas ideas podamos servir mejor al Señor que nos ha llamado al ministerio de la predicación de la Palabra y servir a su gente.

El proceso de la predicación incluye 'todos' los pasos: Desde el abrir la Biblia con oración, hasta presentar el resultado final. De hecho, está relacionada con la hermenéutica[17], la exégesis[18], la historia, el estudio bíblico, y otras disciplinas.

A la par incluye muchos de los principios y elementos de la comunicación. Es decir, se necesita decir algo y se necesita decirlo de cierta manera que llegue al corazón de los oyentes. Sin lo primero, el sermón es contenido sin sonido; sin lo segundo, es sonido sin contenido. Por lo tanto, se necesita: explicar, comunicar y predicar las verdades de la Biblia de tal manera que sea atractiva al que la escuche.

Se incluyen cuatro etapas o divisiones para preparar sermones expositivos: 1) Tomando contacto con el texto o pasaje bíblico. Algunos llaman a esta etapa la "familiarización". 2) Enseguida viene el entendimiento del pasaje y su significado. Es lo que se conoce como la interpretación del texto, la hermenéutica. 3) Luego tenemos que determinar el tema que trata el pasaje, **o lo que se conoce como la "formulación"** de la idea central, y 4) Finalmente tenemos la transmisión del producto logrado después de las primeras tres etapas. Esto es la comunicación del sermón. Aquí se agregará la forma como se

---

[17] Hermenéutica: Es el arte y ciencia de la interpretación de textos bíblicos. Para su profundización lea: Claves de Interpretación Bíblica, de Tomás de la Fuente, Editorial Casa Bautista de Publicaciones.
[18] Exégesis: Busca determinar el mensaje de un texto bíblico dentro de su contexto histórico y literario.

comunicará el sermón, y los elementos que nos pueden servir. A esto también se debe dedicar tiempo, para no crear contratiempos en el púlpito. El énfasis lo pondremos en las primeras tres etapas, lo que nos llevará a la formulación expresa de la idea central.

Tomando contacto con el pasaje o texto bíblico (Familiarización):

Un elemento que todo predicador debe tener en cuenta a la hora de preparar un sermón es el tiempo, sin esto no habrá sermón ni mensaje. Todavía existen muchos que 'argumentan' que pueden preparar un sermón la noche anterior a predicar (y así lo hacen). Mayormente el resultado es un total fracaso. El predicador debe saber que entender la Biblia exige tiempo para leer, para seleccionar, para estudiar, para pensar bien, para buscar ilustraciones y buenas aplicaciones. Lo primero, después de pedir la guía de Dios, será elegir el texto y comenzar el proceso de estudio. Quiero que observe como el mundo atrae la atención de la gente hacia lo que desea ofrecer:

"Coca Cola es la chispa de la vida".
"Pepsi Cola, el sabor de la nueva generación".

¿Puede verlo? Primero se menciona el objeto[19] y después se amplía diciéndonos para qué sirve el objeto ofrecido. En la predicación nosotros necesitamos hacer lo mismo.

La selección del texto:

Puede ser uno o varios versículos. Puede ser un capítulo, o libro entero. Pero siempre será bajo un tema definido. Aún, podría ser un solo versículo y mantener la predicación expositiva como tal. Por lo general, cuando el predicador se acerca a la Biblia la primera pregunta que surge es: ¿Qué voy a predicar el domingo? ¿Qué es lo que la congregación necesita? ¿Qué desea Dios comunicar a mí y los hermanos? La mayoría de las veces éste llega a ser el paso más difícil para todo predicador, especialmente si es alguien que está como pastor en la iglesia por mucho tiempo.

Y es (como ya vimos) que en el mundo las empresas dicen lo que las personas desean escuchar. Pero en la vida cristiana no es así. Es Dios quien escoge qué decirnos para comunicar. Por esto es bueno ver:

Métodos para gobernar la selección:
    a. <u>Según el deseo personal</u>, entonces se escoge un tópico para cada domingo del mes. El peligro que se corre es que para uno de esos domingos no exista agua en el pozo[20]. Por otro lado existe la tentación a omitir u olvidar aquellos tópicos que no son bienvenidos en la congregación. Aunque sea necesario predicarlos, son temas que algunos no quieren escuchar. Este es un mal de muchos predicadores, pues razones para no hacerlo sobran: temor a perder el liderazgo, a que algunos dejen de asistir a la iglesia, o a que se tomen

---

[19] Es decir: el tema, el sujeto que se ofrece.
[20] ¿No le ha pasado esto alguna vez en su ministerio? A mí me ha pasado varias veces. ¿Sabe entonces lo duro que es predicar sin tener qué compartir? Y no debemos hablar de los resultados, estos casi ni existen y cuando existen; es por la gracia de Dios.

represalias, entre algunas otras. Lo importante es que como predicadores necesitamos tener presente que estamos ahí para predicar "todo el consejo de Dios".

b. Según la necesidad de la congregación, pero también se corre el peligro de que alguien piense que se está predicando solo para él y no para la congregación. En esto, todo predicador necesita ser muy cuidadoso para no ofender, o también para no crear una especie de barrera entre él y los oyentes que nunca más querrán escucharle. Es triste, pero muchas veces ocurre que los predicadores recurrimos al púlpito para atacar o defendernos. Quien haga esto, no es digno de asumir el rol de predicador de la Palabra de Dios.

c. Según las noticias mundiales o nacionales, o también alguna fecha especial. Por ejemplo, cuando llega el tiempo de recordar la independencia del país puede predicarse algo que refiera a la independencia del poder de Satanás. Por otro lado, los sucesos actuales ameritan un comentario de parte de quien está al frente de la iglesia. La congregación necesita saber qué dice la Biblia acerca de todo lo que sucede y cómo tales sucesos afectan su vida y testimonio cristiano.

d. Según un calendario de mensajes para todo el año. Este podría hacerse sobre la base de un tema o temas; y también tomando como base un libro o libros de la Biblia. Un aspecto fundamental.[21] Esto tiene sus ventajas:

- Se puede informar de los temas al comité o ministerio que está encargado de la dirección de los cultos a fin de que escojan himnos, coros, música, pasajes bíblicos y cualquier otro elemento en concordancia con el tema del mensaje. La mayoría de las veces ocurre que el tema de la predicación es uno y el resto del culto gira en torno a aspectos que nada tienen que ver con el mensaje. Es bueno que la iglesia se acostumbre nuevamente a tener secuencia lógica en las actividades que realiza, no por un simple capricho conservador, sino para realzar y dar mayor valor al mensaje que Dios tiene preparado para la iglesia. Esto no implica que no se pueda innovar o tener la necesidad de cambiar aspectos litúrgicos, pero no será la regla.

- Se puede mantener un estudio permanente pues se tendrá en mente lo que toca predicar en varias semanas y se prepara con anticipación. Los pastores, y en especial aquellos que tienen un ministerio muy cargado, encontrarán que un sistema así les ayudará a delinear mejor su horario de visitación, consejería, estudio bíblico, entre otros, con mayor exactitud.

- Se puede también preparar tiempos especiales – conferencia misionera, aniversario de la iglesia o servicio de santa cena, – con más tiempo. Mientras uno estudia para la secuencia de predicación, encontrará material que podrá

---

[21] Se puede consultar el libro: Variedad en la Predicación, de Faris D. Whitesell y Lloyd M. Perry, Editorial Libertador, 1974. Los autores ofrecen todo un capítulo de su libro para hablar de Variedad en el programa de Predicación. Hablan de calendarios, temas, etc.

utilizarse para esos tiempos especiales. Es posible que prefiera buscar a alguien más que lo haga para esas ocasiones, pero también se puede dar que uno mismo prepare con más tiempo los sermones y así tener algo muy bueno para compartir.

- Puede resultar de ayuda para cuando ocurra algo inesperado[22]. ¿No le ha tocado que muchas veces suceden hechos imprevistos que le llevan a realizar cambios? ¿No se ha enfermado poco antes de ir a predicar? Bueno, si usted sigue un sistema de predicación secuencial, tendrá mensajes o sermones preparados que podrá predicar en dichos casos especiales. Tendrá la oportunidad de predicar pues habrá estado trabajando y haciendo su sermón con mayor espacio de tiempo.

- Resulta en una ayuda para la disciplina de estudio del predicador[23]. Esto es algo muy interesante. Hay quienes hacen de su tiempo de estudio, su tiempo devocional. ¿Está bien esto? Es posible que para muchos no sea correcto, pero otros han visto que ambas cosas se pueden unir sin desmerecer ninguna de ellas.

- Por otro lado, permite pasar por todos los temas y textos de un libro de la Biblia sin que nadie sienta que uno predica sólo para él. En esto, el predicar de un libro de la Biblia, hace que uno predique todo el contenido sin omitir nada del mismo. Especialmente cuando se tiene que tocar temas o pasajes difíciles, esto en relación a tocar áreas donde se sabe que hay asistentes de la congregación están siendo afectados, ninguno podrá acusarnos de predicar para él y no para los demás.

El predicador debe recordar que la predicación expositiva demanda tiempo, pero de lo que sí debe convencerse es que es de mayor beneficio y bendición para la congregación.

Observación:

Esta es la regla del "¡lápiz y papel!". (Se debe poner mucho cuidado en lo que mira, porque resulta muy fácil tener la idea de algo en un momento y olvidarla en poco tiempo). Después de haber seleccionado el texto o pasaje bíblico, es necesario leer, leer, leer, y releer el texto y analizar su contexto para observar y anotar detalles y así tener un conocimiento más profundo del mismo.

Algo importante, siempre tenga a mano "lápiz y papel". No sólo cuando va a leer la Biblia, sino en todo tiempo. Un pensamiento "casual", un hecho, una noticia, etc. pueden servir en cualquier momento como idea inicial o punto de partida de un sermón o como ejemplo ilustrativo y de apoyo.

---

[22] Todo pastor, con seguridad tiene un equipo de apoyo en la iglesia. Si está predicando una secuencia de un tema o libro de la Biblia; entonces, uno del equipo podrá estar preparado para reemplazarle en caso de enfermedad.
[23] El predicador podrá establecer un plan de estudio permanente y establecer así un horario que le servirá para realizar otros aspectos ministeriales cuando lo necesite.

Observar es fundamental y básico para todo estudiante de la Biblia y más aún, para aquel que está involucrado en el ministerio de la Palabra. Una de las principales características de un sermón expositivo es precisamente ver lo que otros no han visto, esto ¡es trabajo! A partir de ahora tomaremos un pasaje como ejemplo al que le aplicaremos cada paso que ya comentamos:

a. La lectura del texto[24]:

   Como dijimos: Lo primero será leer, leer, leer... bien el texto escogido. Leerlo varias veces y con varios propósitos. Léalo como si fuera una historia nueva. Busque las palabras de acción o descripción; explíqueselo a sí mismo como si fuera una lección para niños. Léalo todas las veces que sean necesarias para conocer bien el contenido, el contexto y tratar de descubrir las razones de ese contenido. Aparte tiempo para la lectura, no sólo como un estudio académico, sino también como un hijo en problemas que busca las palabras sabias de su padre. Por supuesto, debe bañar la lectura con oración. Intente descubrir al autor (Dios) y al escritor (el instrumento humano) en su intención al escribir.

   Pero, no lea solo varias veces, sino también en diferentes versiones (principalmente si no tiene conocimiento de las lenguas originales). Como estudiante y predicador es recomendable que tenga en su biblioteca personal diferentes versiones de la Biblia; protestantes y católicas, antiguas y modernas, de estudio y populares[25]. Esto le permitirá ver el por qué de diferentes interpretaciones y hacerse varias preguntas que irán enriqueciendo el mensaje.

b. Observar los personajes involucrados:

   ¿Quiénes son? ¿Cómo actúan? ¿Cómo se relacionan entre sí? ¿Por qué fueron escogidos para ser parte del pasaje? ¿Aparecen en otros lugares?

   Los detalles dentro de un pasaje no están por estar, son parte de un todo que tiene un propósito para llegar al corazón[26]. Son los personajes bíblicos los que le dan vida al relato y así tiene que ser la presentación posterior del sermón. A estos personajes será interesante conocerlos en todas sus áreas, físicas, sociales y espirituales.

c. Observar los eventos y resultados:

   ¿Cómo se ocasionaron? ¿Dónde se llevaron a efecto? ¿Cuál fue el resultado en los testigos de los hechos? ¿Qué lección quedó? Las ocasiones no son hechos casuales, los lugares tampoco. Por ejemplo, a veces leemos: "descendió de Jerusalén". ¿Qué significa esto? Teniendo una comprensión de la geografía bíblica, le permitirá situarse correctamente en el lugar y entender por qué lo dice de esa manera. ¿Tiene algún propósito?[27] Vea y piense todo lo que implica "descender" de Jerusalén.

---

[24] Al final de este capítulo ofreceremos un modelo de selección de un pasaje y luego los diferentes pasos que realizamos en la observación del mismo.
[25] Algunas versiones son: NVI (Nueva versión Internacional), La Biblia de Lenguaje Actual, La Biblia de las Américas, La Versión Moderna de Pratt, Reina-Valera95, Biblia Jerusalén, Nacar-Colunga (estas dos últimas son versiones católicas).
[26] ¿Qué personajes tenemos acá? Dios el Padre, Jesús, sus discípulos, los doce, Simón Pedro, Judas Iscariote, ¿el diablo?
[27] ¿Cuándo ocurrió este evento? No lo olvide, acá necesitará recurrir al principio del contexto. Vamos hasta Juan 6: 24-25 y encontramos que se menciona que esto ocurrió en Capernaúm, cerca al Mar de Tiberias, Genesaret o de Galilea. En 6:59 se cita a la sinagoga de Capernaúm.

d. Identificar los verbos principales:
La persona, el número, la voz, el tiempo, el modo. Recuerde también el orden de aparición de los verbos (indicativo, imperativo, subjuntivo).[28] Esto le servirá para identificar las acciones en el texto y descubrir los asuntos más o menos importantes. ¿Quién ejecuta las acciones? ¿Quiénes son parte de las mismas?

e. Identificar la repetición de palabras:
¿Por qué se repiten? ¿Qué diferencia habría si fueran cambiadas?[29] Vea el siguiente ejemplo: 1 Co. 10:1-6 El pasaje dice: *¹Porque no quiero, hermanos, que ignoréis que nuestros padres **todos** estuvieron bajo la nube, y **todos** pasaron el mar; ²y **todos** en Moisés fueron bautizados en la nube y en el mar, ³y **todos** comieron el mismo alimento espiritual, ⁴y **todos** bebieron la misma bebida espiritual; porque bebían de la roca espiritual que los seguía, y la roca era Cristo. ⁵Pero **de los más de ellos** no se agradó Dios; por lo cual quedaron postrados en el desierto. ⁶Mas estas cosas sucedieron como ejemplo para nosotros, para que no codiciemos cosas malas, como ellos codiciaron.* ¿Puede ver el contraste entre "todos" y "los más de ellos"? Se implica que, aunque todos experimentaron lo mismo, unos pocos tuvieron el privilegio de entrar y poseer la tierra.

La enseñanza dada es que, aunque todos podemos pasar por experiencias increíbles, no todos alcanzaremos la bendición final. La palabra clave, tanta veces repetida, permite que usted tenga a la mano una explicación exacta de lo que ocurrió en aquel evento antiguotestamentario.

Analice por su cuenta el pasaje de Marcos 2:1. Las palabras dentro de un pasaje bíblico tienen un propósito definido y eso se dará especialmente en la utilización de palabras repetidas.

f. Identificar cuál es la palabra principal o clave.
A veces puede ser una de la que se repiten, pero no siempre será así.[30] Una palabra clave es importante porque todos los detalles estarán ocurriendo alrededor de ella. Por ej. En Juan 3:16 podríamos decir que la palabra clave es "amor". Entonces, se ve la expresión del amor de Dios, el propósito de ese amor, y el alcance del mismo. De esa manera, podremos ir dividiendo el pasaje para formar más adelante el bosquejo del sermón.

g. Identificar las circunstancias especiales:
Históricas, geográficas, culturales, políticas o cualquier otro detalle significativo.[31] Por ejemplo: ¿Quiénes fueron los fariseos? ¿Qué creían?

Recuerdo una oportunidad en la que me compartieron el siguiente hecho: *"Se dice que el predicador estaba compartiendo de Hechos 9 donde se habla acerca de la conversión del centurión romano. Al parecer el predicador no explicó quién y qué era un centurión. Al terminar, alguien se acercó al predicador y le pregunta: Dígame pastor, ¿qué animal prehistórico era ese centurión?"* Se da cuenta, habrá

---

[28] Vea: "volvieron atrás", "ya no andaban", "queréis iros vosotros", "respondió", "a quien iremos", "tú tienes", "hemos creído", "conocemos", "escogido", "hablaba", "iba a entregar", y "era".
[29] Vea: "respondió".
[30] Vea: "ninguno puede venir a mí", "volvieron atrás, y ya no andaban con él", "¿queréis iros vosotros?", "¿a quién iremos?", "tú tienes palabras de vida eterna", "tú eres el Cristo".
[31] Jesús había hablado a los discípulos del pan de vida; muchos discípulos le buscaban por la comida que habían gustado; Jesús les había seguido hablando de la vida eterna en él. ¿Cuál entonces la verdadera razón para seguirle? Los beneficios materiales. ¿Estaban los doce dispuestos a seguir la posición asumida por la multitud de discípulos? Tenían que tomar una decisión ¿cuál sería?

la necesidad de explicar esos aspectos geográficos, culturales, políticos e históricos.
h. Identificar la existencia de lenguaje figurado:
Pueden ser figuras literarias (símiles, metáforas, hipérboles, etc.), símbolos, tipología, alegorías, etc.[32] Preguntémonos ¿Por qué se usó un lenguaje así? ¿Cómo afecta al texto? ¿Cómo afecta a la idea principal? Un estudio sobre principios de interpretación es muy importante, pero si no ha tenido la oportunidad de hacerlos, puede conseguir un libro sobre hermenéutica que le explique qué son las figuras literarias y cómo se interpretan.
i. Observar las relaciones lógicas dentro del texto:
Vea los términos conectivos: **pero, sin embargo, así que, por tanto, entonces, porque, también**, etc.[33] Muchas veces resulta que los términos conectivos llegan a ser las palabras claves.

Observe también las relaciones entre ideas, párrafos o unidades mayores. Por ejemplo: la comparación, el contraste, la repetición, la continuación, el clímax, etc. Hacer una buena división del pasaje, le ayudará a tener una presentación adecuada de su sermón. Esto permitirá que la congregación entienda lo que está diciendo.
j. Buscar dividir el pasaje:
Este debe ser un intento preliminar, pero le ayudará a pensar en cómo se desarrolla un pasaje.[34]

Preguntas de repaso:
1. ¿Qué debemos hacer para escoger un pasaje o tema para predicar?
2. ¿Cuál es el primer paso dentro de la observación?
3. Mencione el resto de los pasos dentro de la observación que usted ve de suma importancia.
4. De tres ejemplos de relaciones lógicas en un pasaje escogido por usted mismo.
5. Intente poner en práctica lo visto hasta aquí en el siguiente pasaje: Efesios 1:3-14 o escoja un pasaje que usted utilizaría para un sermón.

---

[32] Ejemplos: Jesús el pan de vida, "uno de vosotros es diablo".
[33] V. 65 "y dijo"; v. 67 "dijo entonces Jesús". Notamos entonces que la idea gira entonces alrededor de la demanda que Jesús ha planteado desde que les habló del pan de vida y la vida eterna, diciéndoles: v. 27 "trabajad, no por la comida…". También la repetida mención de que nadie podía venir a él, sino fuera que el Padre les traía. (v. 37, 39, 44, 65). – En el pasaje de 1 Corintios 10:1-6 el conectivo utilizado es: "y" y el mismo le indica la división natural del pasaje.
[34] Este es un punto clave en la preparación del sermón. Si no podemos dividir el pasaje de forma natural, es posible que no podamos elaborar el sermón que deseamos dar. ¿Cómo se dividiría el pasaje que hemos tomado como ejemplo? Uno: Nadie viene a él si el Padre no le trajere (v. 65-66). Dos: La demanda a los doce (v. 67). Tres: La respuesta de los doce (v. 68-69) y Cuatro: La respuesta de Jesús (v. 70-71)

Trabajo Práctico Capítulo 2
Nuestro pasaje será: Juan 6:66-71

1. No olvide leerlo todas las veces que sea necesario y también en diferentes versiones de la Biblia.
2. ¿Qué personajes tenemos acá? Dios el Padre, Jesús, sus discípulos, los doce, Simón Pedro, Judas Iscariote, ¿el diablo?
3. ¿Cómo actúan? ¿Cómo se relacionan entre sí?

Jesús es quien toma la palabra. Su afirmación es fuerte y directa al dirigirse a los discípulos que le seguían. La relación es casual, si tomamos en cuenta que una vez que escucharon las palabras de Jesús; el pasaje dice: *"desde entonces muchos de sus discípulos volvieron atrás,…"*.

Es Jesús quien también toma la palabra al dirigirse a los doce (su círculo más cercano). La palabra no baja de tono, aún podríamos decir que se intensifica, pues dice: *"¿Queréis acaso iros también vosotros?"*.

La respuesta de los doce viene de Simón Pedro. La relación estrecha entre Jesús y los doce se pone de manifiesto: *"¿a quién iremos?"*. Y la segunda afirmación lo fortalece: *"Tú tienes palabras de vida eterna"*. Y la fuerza continúa: *"hemos creído y conocemos que tú eres el Cristo…"*. Queda así mostrada la relación fuerte lograda.

4. ¿Cuándo ocurrió este evento? No lo olvide, acá necesitará recurrir al principio del contexto. Vamos hasta Juan 6:24-25 y encontramos que se menciona que este evento ocurrió en Capernaúm, cerca al Mar de Tiberias, Genesaret o de Galilea. En 6:59 se cita a la sinagoga de Capernaúm.

    Lo importante en el pasaje es que en varios momentos Jesús había insistido en dos aspectos:
    a. Nadie podía venir a Él sino fuera traído por el Padre.
    b. Había insistido en ser el pan de vida y en la necesidad de "comer" su carne.
    c. Había hablado de verle regresar al lugar donde había estado al principio.
    d. Había mostrado la importancia de creer en Él para alcanzar vida.

    Todo esto significó: *"Dura es esta palabra; ¿quién la puede oír?"*.
5. Notar el uso de los verbos principales: "volvieron atrás", "ya no andaban", "queréis iros vosotros", "respondió", "a quien iremos", "tú tienes", "hemos creído", "conocemos", "escogido", "hablaba", "iba a entregar", y "era". Cada uno indica quién interviene y cómo lo hace.

    Pero, hasta aquí alguien se preguntará ¿y cómo me sirven todos estos pasos para preparar un sermón?

    Todos estos pasos le sirven para ir descubriendo ¿cuál es el tema que domina el pasaje? Podrá ver: ¿qué dice el pasaje acerca de ese tema?
6. Palabras repetidas: El verbo "responder" parece ser clave en el pasaje. El mismo nos ofrece una ayuda para ver el diálogo entre Jesús y los doce (estos, a través de la palabra dada por Pedro).
7. Entonces, Jesús había hablado a los discípulos del pan de vida; muchos discípulos

le buscaban por la comida que habían gustado; Jesús les había seguido hablando de la vida eterna en él. ¿Cuál es entonces la verdadera razón para seguirle? Los beneficios materiales. ¿Estaban los doce dispuestos a seguir la posición asumida por la multitud de discípulos? Tenían que tomar una decisión ¿cuál sería?

Pero antes de pasar a otro aspecto importante, necesitamos observar algunas cosas que necesitarán un trabajo de interpretación.

8. Identificar la existencia de lenguaje figurado: ¿Hay lenguaje figurado en el pasaje? ¿Hay algún elemento que requiere de un análisis interpretativo?

    Vea: Jesús se presenta como "el pan de vida", de Judas se dice: "uno de vosotros es diablo". ¿Qué significa ser el pan de vida? ¿Qué significa que Judas sea diablo? Necesitamos entonces hacer un estudio y en esto, los libros de comentarios pueden resultar útiles.

9. Las relaciones lógicas en un pasaje, nos sirven para dividir el mismo en secciones y que luego serán los puntos principales del sermón.

    Vea las relaciones lógicas en: v. 65 "Y dijo:…", v. 67 "Dijo entonces…", v. 68 "Le respondió…" y v. 70 "Jesús les respondió…".

10. Entonces, tendríamos la siguiente división:
    a. La demanda a los doce (v. 66-67).
    b. La respuesta de los doce (v. 68-69)
    c. La respuesta final de Jesús (v. 70-71)

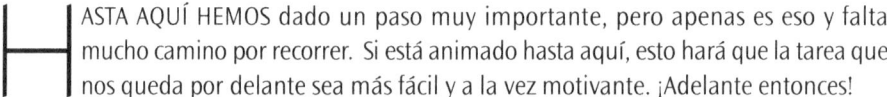

Capítulo 3
Cuatro etapas en la preparación de sermones expositivos
La Interpretación del Pasaje

Introducción:

HASTA AQUÍ HEMOS dado un paso muy importante, pero apenas es eso y falta mucho camino por recorrer. Si está animado hasta aquí, esto hará que la tarea que nos queda por delante sea más fácil y a la vez motivante. ¡Adelante entonces!

Entendiendo el Significado del pasaje o Interpretación:

Comenzamos con la observación, ahí la pregunta fue: ¿Qué veo en el texto? Es decir, ¿qué está pasando? ¿Cuál es la relación? ¿Qué de los personajes?, etc. A partir de ahora tenemos que decidir sobre lo que el pasaje **dice o qué significa**[35] lo que hemos observado. Este es el paso que se conoce como interpretación o hermenéutica, y es donde encontramos los conceptos para predicar el pasaje escogido.

Aquí tenemos dos lados, en el primero nosotros hacemos preguntas al texto, y por el otro, hay preguntas que el texto nos hace a nosotros y que tenemos que contestar. Así es la Biblia: es una palabra viva y ¡nos puede examinar mientras estamos nosotros examinándola!

Analizar el contexto inmediato:

Lea el texto, y lea el contexto. Usted necesita entender de dónde viene el pasaje[36]. El contexto puede que venga antes o después del pasaje que se está estudiando para elaborar el sermón. Tomemos en cuenta que el contexto también lo constituyen los pasajes paralelos, los pasajes de lenguaje similar, las referencias cruzadas o aquellos conceptos similares que vienen de un mismo escritor.

---

[35] Acá se necesita aplicar las reglas o principios de interpretación. Si usted no ha tenido un estudio acerca de este tema, le sugiero conseguir y leer algunos libros.

[36] El contexto puede ser inmediato o remoto; es decir, puede estar inmediatamente antes o después del pasaje escogido o en su caso, puede ser que tenga que ir bastante antes para tener un panorama más completo.

¡OJO! La misma palabra o aquellas ideas de un mismo escritor no siempre tendrán el mismo significado[37]. Esto lo debe determinar el contexto y esto se descubre si previamente hemos analizado el argumento general del escritor en una determinada obra. No olvidemos que este paso es de mucha importancia, si nos equivocamos estaremos predicando algo que no es realmente bíblico.

Los pasos son:
(1) Leer bien hasta tener una buena comprensión del pasaje y
(2) Ubicar el pasaje dentro de su contexto. (Ejemplo: Efesios 1-3 y 4-6)

Determinar el propósito del libro:
El propósito del libro[38] es lo que gobierna el propósito de los pasajes incluidos dentro del mismo. Sepa que en contraste con otra literatura, un libro bíblico no es una combinación de pensamientos aislados, sino enseñanzas dentro de un plan general. Cada pasaje siempre será parte de un todo coherente.

Derivar el propósito del texto o pasaje:
El propósito de cada pasaje[39], texto o sección dentro de un libro, tiene que estar de acuerdo con el propósito general del mismo. Este propósito, después de haber sido determinado, nos servirá para guiarnos en la consideración del propósito de cada sermón que predicaremos. ¡Importante! No predique sino tiene un propósito bien definido.

Definir las palabras o términos claves:
Esto es algo básico dentro de la comunicación. De lo contrario, aunque estemos hablando bonito no habría una buena comunicación del mensaje y mucho menos entendimiento de quienes son nuestros oyentes. Para una buena definición de los términos bíblicos necesitamos las siguientes herramientas: un buen diccionario de la lengua española, un buen diccionario bíblico, el uso de versiones y diferentes traducciones de la Biblia, una buena concordancia; y si fuera posible, diccionarios, concordancias y léxicos de las lenguas originales[40].

---

[37] Vea el siguiente ejemplo: En Juan 3:16 el escritor utiliza el término "mundo" y en 1 Juan 2:15-16 repite el mismo. Debemos preguntarnos: ¿significa lo mismo en ambos casos? Esto será determinado por el contexto de ambos pasajes y también del propósito por el cual el escritor lo utiliza. En el primer caso, "mundo" es en referencia a la gente, es decir, los habitantes en el mundo. Por esto es que dice: "amó Dios al mundo". En el segundo caso, "mundo" está en referencia a todo aquello que se opone a Dios. En este caso, el mandato es "no améis al mundo".

[38] Cada escritor escribió a sus lectores con un propósito en mente. Esto debe ser determinado para entender lo que se dice. Ejemplo: Mateo quería que sus lectores entendieran y vieran a Jesús como el Mesías prometido, por eso todo su argumento gira en torno a Jesús como rey. Pablo escribió a los gálatas para llamarles la atención por estar dejando tan rápidamente el evangelio y volver a la esclavitud de la ley. Por eso su énfasis está en torno al tema de la libertad. Usted, como predicador, no debe perder de vista todos estos aspectos.

[39] En este caso, se apunta a un aspecto específico dentro del propósito general. Ejemplo: Gálatas, presenta una defensa de la libertad en Cristo. Tome como pasaje a predicar Gálatas 3:6-18 ¿Cuál sería el propósito de este pasaje? No olvide: Debe concordar con el propósito general de la carta. Mostrar que la fe trae libertad, mientras que la ley demanda el accionar de la persona para alcanzarla.

[40] Al final de este capítulo le doy una lista de libros recomendados para utilizar en estos casos. Definir una palabra no tiene el propósito de hacer una demostración de conocimiento o de los resultados de su investigación. El propósito es que sus oyentes entiendan el significado y puedan ver la relación con su vida hoy. Recuerdo en una oportunidad a alguien que dio un mensaje con un montón de términos difíciles (creo que ni él mismo los entendía). Al terminar, alguien se le acercó y le dijo: "Muy bonito todo lo que dijo, pero ese pasto no era para estas ovejas". No demos cátedra, prediquemos; esa es nuestra tarea.

Poner atención a los problemas de significado:
Un texto o pasaje en estudio puede tener algunos elementos especiales que quizás impidan llegar al significado exacto de una palabra, un concepto, evento o asunto; a menos que se usen las herramientas vistas en la materia de Principios de Interpretación Bíblica.

a. El uso de lenguaje figurado, en cuyo caso se necesitará identificarlo y aplicarle los principios pertinentes. Hacer esto le ayudará a cruzar el puente. Pasar del mundo bíblico al mundo actual de sus oyentes.

  A continuación tenemos una frase dicha por Abraham Lincoln que nos llama a la reflexión sobre este punto: *"Lo que me preocupa de la Biblia no es lo que no entiendo; sino lo que entiendo"*. ¿Interesante no? Importante para tomar en cuenta, ya que muchas veces lo que no entendemos tratamos de llenarlo de explicación y nos perdemos sin aplicar aquello que sí entendemos.

b. Una cuestión del género o forma literaria, pudiera ser poético, narrativo, sabiduría, profético o cualquier otro. En cada caso será necesario aplicar los principios de interpretación que correspondan. No será lo mismo predicar de una parábola de Jesús que de una historia de unos de los reyes de Israel. Tampoco será lo mismo predicar de los salmos que de las epístolas[41].

c. Un asunto de cultura, costumbres, instituciones, o expresiones idiomáticas. Todas requerirán de la aplicación correcta de los principios hermenéuticos aprendidos[42]. Por ej. A veces no entendemos por qué Jesús les requirió a sus apóstoles que no saludaran a nadie por el camino; o también que los muertos entierren a sus muertos, y lo vemos como algo no correcto. Sin embargo, cuando analizamos la cultura y costumbres de ese tiempo, podemos ver que hay una explicación lógica y que nos ubica en ese ambiente bíblico.

d. Un asunto político, económico, social o religioso del mundo bíblico. No olvidemos que no existe correspondencia exacta con nuestro tiempo. No podemos aplicar principios de esos tiempos al día de hoy porque podemos caer en aplicaciones no correctas. No olvidemos, como ya dijimos, que es necesario cruzar el puente del mundo bíblico al mundo actual.

Recordar que nos estamos introduciendo al mundo bíblico:
La interpretación nos introduce al mundo bíblico a fin de conocerlo y extraerle el significado original a un determinado texto o pasaje; a fin de aplicarlo a nuestro contexto. Hagamos de cuenta que estamos jugando al "Tesoro Escondido". Como sabemos, el juego nos exige esfuerzo, meditación y reflexión y a la vez rapidez. Se trata de una aventura, pues la búsqueda de esas perlas bíblicas traerán bendición a nuestras vidas y a través nuestro a la de nuestros los oyentes. En caso de forzar el pasaje y su significado en el original, estaremos incurriendo en errores muy comunes que solemos cometer los predicadores.

---

[41] En esto, quiero también llamar su atención a que no intente sustentar algún aspecto doctrinal basado en estilo poético, pasajes históricos, u otro de semejante estilo. Los aspectos doctrinales deben estar sustentados dentro del desarrollo epistolar.
[42] Observe la lista de libros sugeridos al final del capítulo.

Preguntas de repaso:
1. Escoja dos o tres pasajes bíblicos y luego determine su contexto, inmediato o remoto.
2. ¿Por qué es importante que descubramos el propósito del libro de un determinado escritor?
3. De los pasajes escogidos, extraiga tres términos bíblicos y determine su significado usando las herramientas para ese trabajo.
4. ¿Cuáles serían algunas dificultades a las que se enfrentan los predicadores al hacer un estudio de un pasaje escogido?
5. ¿Cuál es el mayor requerimiento que debe tenerse en cuenta a la hora de hacer el estudio de un pasaje bíblico?

Taller Práctico Capítulo 3
PASOS EN LA BUSQUEDA DE LA IDEA CENTRAL Y LA ELABORACION DE LA ESTRUCTURA DEL SERMON

Le estoy ofreciendo la lectura del pasaje en dos diferentes versiones.

Lo que verá acá, son tareas importantes que se realizan para reforzar la idea central y la estructura del sermón. Además, le ayudará a complementar la tarea de la observación que se realiza en el primer capítulo.

Pasaje Escogido: Mateo 15:1-11
¹Entonces vinieron a Jesús de Jerusalén fariseos y escribas diciendo:
²¿Por qué los discípulos tuyos traspasan la tradición de los ancianos? Porque no se lavan las manos cuando comen pan.
³Mas él respondiendo, les dijo: ¿Por qué vosotros traspasáis el mandamiento de Dios por causa de vuestra tradición?
⁴Porque Dios dijo: Honra a tu padre y a tu madre, y el que maldiga a padre y madre, muera sin remedio.
⁵pero vosotros decís: Cualquiera que diga al padre o a la madre, doy a Dios todo lo que de mi pudiera aprovecharte;
⁶y así no podrá honrar a su padre y así habrá invalidado la palabra de Dios mediante vuestra tradición.
⁷Hipócritas, bien profetizó Isaías de vosotros diciendo:
⁸"Este pueblo con los labios me honra, pero su corazón está lejos de mí,
⁹pues en vano me honran (adoran), enseñando doctrinas que son preceptos de hombres".
¹⁰Y habiendo llamado a sí a la multitud, les dijo: Escuchad y entended.
¹¹No lo que está entrando en la boca contamina al hombre, sino lo que está saliendo de la boca, eso contamina al hombre.

Paráfrasis: Mateo 15:1-11
¹(En aquel día), vinieron desde Jerusalén unos fariseos y escribas, quienes se acercaron a Jesús y le preguntaron:
²¿Por qué tus discípulos desobedecen a la tradición de los ancianos? Porque no están

cumpliendo con el mandamiento (ritual) de lavarse las manos antes de comer.
³Entonces Jesús les replicó y les dijo: ¿Y por qué ustedes no cumplen con el mandamiento de Dios con el propósito de guardar las tradiciones?
⁴Porque Dios ha mandado: Honra a tu padre y a tu madre, y el que maldiga a sus padres, muera sin remedio.
⁵Sin embargo, ustedes dicen: Es necesario dejar de ayudar a los padres aunque estén en necesidad, y no dejar de dar nuestra ofrenda a Dios.
⁶Así no están cumpliendo con el mandamiento de Dios de ayudar a los padres, sino que con un mandamiento humano lo están invalidando.
⁷Hipócritas, bien habló de ustedes el profeta Isaías cuando dijo:
⁸"Este pueblo de labios me honra, pero que lejos están de amarme de corazón.
⁹Toda su adoración resulta en vano porque enseñan tradiciones de hombres como si fueran de Dios".
¹⁰Y volviéndose a la multitud los llamó y les dijo: Escúchenme y entiendan:
¹¹Lo que daña al hombre no es aquello que está entrando en el, sino que lo que le hace daño es todo aquello que sale de él.

Argumento Breve de Mateo:

- Mateo da comienzo a su evangelio con la genealogía e infancia de Jesús (1 y 2). En esto puede resaltarse la concepción milagrosa, el nacimiento en Belén, la vista de los magos y la huída a Egipto.
- En una segunda sección, el escritor da a conocer a sus lectores el desarrollo y preparación de Jesús para la realización de sus actividades públicas.
- A estas dos secciones se les puede denominar "los preliminares" de la actuación mesiánica de Jesús.
- En general, el libro contiene tres grandes divisiones, aún cuando algunos comentaristas proponen una división más extensa de cinco o seis partes.
- La primera, trata de la actividad pública de Jesús, principalmente en Galilea (4:12-13:58). Una segunda, que describe el desarrollo ministerial posterior a las actividad en Galilea (14:1-20:13) y la tercera relata las últimas actividades de Jesús, especialmente en Jerusalén (21:1 al 27:56).
- En la primera, Mateo, después de la presentación oficial de Jesús y del llamado de los doce, presenta en forma bastante profunda el bien conocido Sermón del Monte y la gran serie de milagros realizados por Jesús. También dentro de esta sección se incluye el famoso y relevante relato de la blasfemia contra el Espíritu Santo, para incluir finalmente las parábolas (Cap. 13)
- El tema abarcador de la segunda división es el rechazo de la persona del Mesías por parte de los judíos. Se incluyen milagros, confrontaciones con los fariseos y algunas parábolas.
- La tercera división se enfoca en la presentación de Jesús en Jerusalén, la cual trae como resultado el rechazo oficial de los judíos. Jesús da algunas enseñanzas acerca del futuro y finalmente Mateo relata las incidencias de la última semana

o semana de la pasión que termina con la crucifixión.
- El libro contiene una conclusión. El tema de la misma es el relato de la resurrección de Jesús y también contiene el mandato final de Jesús a sus discípulos para continuar la tarea encomendada por el maestro.

Contexto general del Libro:

- Acerca del Escritor:
Se puede afirmar que casi no existen dudas sobre quién es el escritor del primer evangelio. La tradición de la iglesia en forma unánime afirma que Mateo, el publicano y uno de los doce es el escritor del libro que lleva su nombre.

Mateo, nombre dado por Jesús, ya que se llamaba originalmente Leví. Era un judío despreciado y desechado por los suyos al estar vendido al imperio y ser un cobrador de impuestos al costo de los suyos. El comentarista Dr. Kent dice: *"por ser un recaudador de impuestos, Mateo tenía especiales condiciones para escribir un evangelio como este. Su destreza profesional en el uso de abreviaturas estenográficas, le permitía captar por extenso los discursos de Jesús"*.

- Acerca de la Fecha:
Existe cierta discusión acerca de la fecha. Sin embargo se propone como la fecha más aceptable la del año 70 d. de J.

La razón fundamental para sostener esta fecha, es que el escritor no presenta indicios en su escrito de que Jerusalén estuviese ya en ruinas. Por el contrario, los que proponen una fecha posterior, indican que sí se encuentran estas evidencias aunque de forma escondida.

- Acerca de los Lectores:
Mateo escribió para los judíos con el propósito de explicarles cómo el reino prometido a ellos les sería quitado para darlo a los gentiles. De ahí también la presentación de Jesús como el Mesías prometido y heredero del trono de David.

- Acerca de las Condiciones de la Época:
Mateo escribió su evangelio a fin de resolver un problema mayúsculo que molestaba a sus lectores. Escribiendo poco después de la muerte de Cristo y durante una época en la cual la esperanza mesiánica había llegado a ser demasiado fuerte, Mateo trata de explicar los hechos de forma concreta.

Los judíos esperaban la llegada del Mesías prometido y con el propósito de liberar a su pueblo de la esclavitud romana. Todo esto, de cierta manera, hacía necesario explicar que ese Mesías esperado ya había venido. El nacimiento de Jesús marcaba su llegada, aunque sin que se cumplieran las bendiciones de esa liberación que anhelaban.

La explicación de Mateo es sencilla y total: El Mesías ha llegado y ustedes lo han rechazado.

Estudio de Términos y Conceptos Claves:
- Contexto del pasaje:

    El incidente aquí parece haber ocurrido algún tiempo posterior a la pascua. Esto, en vista de que sería ilógico esperar que los fariseos regresaran de Jerusalén poco antes de esa fiesta tan importante en la vida de la nación.

    La escena ocurre en algún lugar cercano al mar de Galilea o Tiberias. Posiblemente, en las llanuras de Genesaret.
- Conceptos:
    1. "*la tradición de los ancianos*":

        La tradición es algo que se traspasa de uno a otro. En este caso, es la tradición oral que se transmitía por los grandes rabinos y que se consideraba como suplemento y a veces como la interpretación misma de la Escritura.
    2. "*no se lavan las manos*":

        Se trataba de una mera ablución realizada antes de las comidas. Según la costumbre rabínica esta era fundamento ceremonial y no higiénico.

        En el griego tenemos varias palabras para referirse al acto de "lavar". En este caso, Mateo utiliza el término: la cual se refería a lavar alguna parte del cuerpo.

        Los maestros aquí procuraban basar su argumento en Levítico 15:11. Sin embargo, lo interesante acá es el hecho de que se trataría del simple mojarse la punta de los dedos, con lo que queda demostrado el énfasis externo que se le daba a este acto.
    3. "*vosotros traspasáis el mandamiento de Dios*":

        Jesús se refería al quinto mandamiento del decálogo, "honrar a los padres"; sin embargo, los fariseos traspasaban el mismo con sus tradiciones. Pero también es importante notar la mención que Jesús hace del pasaje de Éxodo 21:7 en conexión al primero citado: "*el que maldiga padre o madre muera…*". Así, Jesús hacía resaltar la importancia del mandamiento de Dios al compararlo con el simple hecho de lavarse las manos para comer.
    4. "*pero vosotros decís*":

        Se hace un marcado énfasis en el "vosotros" que destaca la práctica farisea y el punto hasta donde habían llegado.

Bosquejo Tentativo:
Introducción:
El externalismo religioso se ha transformado en la mayoría de las veces en uno de los impedimentos más grandes para el desarrollo espiritual del creyente y para su vida de adoración a Dios.

En uno de los comentarios judíos se ha encontrado que los fariseos afirmaban que las palabras de los escribas eran más hermosas que las palabras de la ley. La razón, las palabras de la ley eran pesadas y livianas mientras que las palabras de los escribas eran todas pesadas. La idea era la de extender el rigor de la ley de tal modo que el hombre no pudiera ni siquiera acercarse a una trasgresión. Es decir, nadie podría cumplir con la pesada carga impuesta por ellos.

Este hecho dio lugar a que Jesús tuviera que entrar en confrontaciones constantes con los fariseos y escribas.

Propósito:
Que los oyentes puedan comprender que nuestras actitudes externas no deben condicionar nuestras actitudes internas.

Idea Exegética:
Las Tradiciones Fueron Motivo de Confrontación entre los Líderes Religiosos y Jesús.

Idea Homilética:
"NUESTRAS ACTITUDES INTERNAS SON PERJUDICADAS POR ACTITUDES EXTERNAS"

Puntos Mayores:
1. Cuando Practicamos Tradiciones que Son Puro Externalismo: v. 1-2
    a. El motivo de la confrontación.
    b. El quebrantamiento de la tradición.
2. Cuando Invalidamos los Mandamientos de Dios: v. 3-9
    a. Lo que dice la tradición.
    b. Lo que dice el mandamiento de Dios.
    c. Lo que resulta de invalidar el mandamiento de Dios.

Conclusión:
Los versículos 10 y 11 sirven para concluir el mensaje. Aunque de hecho, se podrá realizar una recapitulación del mensaje.

Note que en este taller práctico he dejado afuera el trabajo de observación. Sin embargo, es una tarea que no debemos olvidar forma parte del proceso de preparación del sermón.

Lista de Libros Recomendados:
1. **Traducciones y versiones de la Biblia:**
    - Reina Valera, Antigua Versión (1909) – Le ayudará a ver los cambios que se han producido con el avance de nuestro modo de hablar.
    - Reina Varela, Versión Revisada (1960) – Hoy por hoy, sigue siendo la versión Reina-Valera más utilizada por las iglesias de habla hispana. Dice Robinson: *"…que se mantiene cercana al original, aunque luzca rígida e inconmovible*

cuando se lee en público".[43]
- Reina Valera, Versión Revisada (1995) – Introduce algunos cambios, pero no tiene una total aceptación a pesar de tener más de doce años de uso.
- Versión Moderna, H. B. Pratt – Una versión que ya no se encuentra en las librerías, pero si usted tuviese un ejemplar, se lo recomiendo; contiene una traducción mucho más clara en algunos pasajes.
- Versión Hispano-Americana, N. T. (1953) – Creo que se trata de un Nuevo Testamento que ya no se consigue.
- Reina Valera, Versión Popular "Dios Habla Hoy" – Siguiendo a Robinson en su comentario dice: *"Para una traducción que reproduzca la dinámica equivalente al original y se centre en las ideas más que en las palabras aisladas, podrá referirse a la versión popular Dios Habla Hoy"*.[44]
- Versión Nacar-Colunga (Católica)
- Versión Jerusalén (Católica)
- Versión Bover y Cantera (Católica) – Estas tres versiones católicas son las de más uso dentro de la ICR. Y merecen una atención especial.
- Nueva Versión Internacional – Hoy contamos con esta versión totalmente terminada y de buena recomendación.
- La Biblia de las Américas – Dice Robinson: *"Un texto que busca el equilibrio entre la fidelidad al hebreo y al griego y un sentimiento de sensibilidad hacia el estilo, es la Biblia de Las Américas"*.[45]

2. **Concordancias y Diccionarios:**
   - *Concordancia de las Sagradas Escrituras*, C. P. Denyer, Editorial Caribe.
   - *Concordancia Exhaustiva de la Biblia*, James Strong, Editorial Caribe, podemos decir con seguridad: ¡La Más Completa de Todas!
   - *Concordancia Temática de la Biblia*, trad. Por Carlos Bransby, Casa Bautista de Publicaciones. Una concordancia breve, pero de mucha utilidad.
   - *Concordancia Greco-Española del Nuevo Testamento*, Hugo M. Setter, Editorial Mundo Hispano.
   - *Diccionario de la Santa Biblia*, Wilton M. Nelson, Editorial Caribe. Uno de los más utilizados.
   - *Diccionario Bíblico Certeza*, Editorial Certeza
   - *Diccionario Bíblico Mundo Hispano*, J.D. Douglas y Merril C. Tenney, Casa Bautista de Publicaciones.
   - *Diccionario Bíblico Arqueológico*, ed. Por Charles F. Pfeiffer, Casa Bautista de Publicaciones. Una ayuda importante a la hora de observar ubicación de lugares y sus características propias.
   - *Diccionario de Teología*, ed. Por Everett F. Harrison, Editorial Libros Desafío.
   - Auxiliar Bíblico Portavoz, Edit. Portavoz
   - *Enciclopedia Ilustrada de Realidades de la Biblia*, Editorial Caribe

---

[43] Haddon Robinson, Ibid.
[44] Robinson, Ibid. Aunque yo diría que no se trata de una traducción directa de los originales, sino una puesta en leguaje común de la versión RVR60.
[45] Robinson, Ibid.

3. **Hermenéutica:**
   - *Hermenéutica Bíblica*, M. S. Ferry
   - *Claves de Interpretación Bíblica*, Tomás de la Fuente, Casa Bautista de Publicaciones. Un libro del todo recomendable. Le ayudará a entender los principios fundamentales aplicables a la interpretación bíblica.
   - *Modelo de Oratoria*, Moisés Chávez, Editorial Caribe – Le permite tener un panorama amplio acerca del uso figurado en la Biblia, especialmente en la narrativa profética.
   - *Hermenéutica Bíblica*, José Martínez, Editorial CLIE
   - *Principios de Interpretación Bíblica*, Luis Berkhof, TELL
   - *Hermenéutica, El Arte de la Paráfrasis Libre*, Moisés Chávez, Editorial Caribe
   - *Normas de Interpretación Bíblica*, E. P. Barrows

4. **Comentarios:**
   - *La serie de Comentario al Nuevo Testamento*, William Hendriksen y Simón J. Kistemaker, Comisión de Literatura Cristiana de la Iglesia Reformada, TELL.
   - *Comentario MacArthur del Nuevo Testamento*, John MacArthur, Editorial Portavoz.
   - *Nuevo Comentario Ilustrado de la Biblia*, ed. por Earl D. Radmacher, Ronald. B. Allen y H. Wayne House, Editorial Caribe.
   - Existen otros comentarios que usted puede conseguir en cualquier librería evangélica.

5. **Estudios de Palabras:**
   - *Palabras Griegas del Nuevo Testamento: Su Uso y Significado*, por William Barclay, Casa Bautista de Publicaciones.
   - *Clave Lingüística del Nuevo Testamento Griego*, Fritz Rienecker, Libros Desafío.

6. **Otras Ayudas:**
   - *Una Armonía de los Cuatro Evangelios*, A. T. Robertson, Casa Bautista de Publicaciones
   - *Geografía Bíblica*, Tidwell-Pierson, Casa Bautista de Publicaciones
   - *Usos y Costumbres de la Tierras Bíblicas*, F. Wight
   - *La Arqueología y la Palabra Viva*, Vardman
   - *Descubre la Biblia*, Sociedades Bíblicas Unidas
   - *Eventos del Porvenir*, Pentecost, Edit. Vida
   - *Ayuda Gramatical para el Estudio del Nuevo Testamento*, por Robert Hanna, Casa bautista de Publicaciones.
   - Y en lo posible, procure conseguir algunos libros que le ofrezcan ayuda para entender el uso del griego en el Nuevo Testamento.

   Todos estos libros son herramientas de trabajo y no más que eso. ¡Cuidado! No reemplace su trabajo, estudio y análisis por lo que dicen los libros. Si lo hace de esa manera, entonces no representará nada de esfuerzo.

Capítulo 4
El proceso en la preparación de sermones expositivos
La Elaboración de la Idea Central y La Estructura del Sermón

Introducción:

UN PASO más en nuestro proceso. Hemos dado los dos primeros, la observación y la interpretación. De su importancia ya no deben quedarnos dudas. Ahora entramos a un momento culminante y, quizás esperado por todos, el de la formulación de los que será nuestro sermón.

Determinación del Tema que trata el Pasaje o Formulación de la Idea Central:

Ya tenemos a la mano un banco de datos, pero esto no es el sermón. Todos son datos aislados y nada más. Conocemos el propósito del libro y del pasaje; de éste último, también conocemos un tanto el trasfondo histórico, geográfico, cultural, literario y gramatical. Lamentablemente, a veces cuando hemos reunido todo este material, creemos haber terminado nuestro trabajo y así vamos a predicar. Para decirlo "sin pelos en la lengua", dejamos librado al azar o a "la guía del Espíritu Santo" el hacer las explicaciones y aplicaciones mientras se predica[46]. Este es un grave error, informar no es predicar y mucho menos comunicar un mensaje.¿Qué tenemos que hacer ahora? Tenemos que formular de forma ordenada y clara el resultado de todo el trabajo de investigación realizado, a fin de poder comunicarlo a la audiencia.

En la formulación se necesita encontrar cuál será el mensaje que hemos de predicar y comunicar. Y, la forma en que lo vamos a desarrollar en el púlpito. Debe buscarse **una idea (un concepto)** que resuma y contenga todo el contenido a ser expresado en el mensaje. También debe buscarse la mejor manera de desarrollar esa idea por medio de **una estructura lógica, coherente y clara**. Esto equivale a decir que un buen sermón debe tener una **idea central** y **un bosquejo**. Este debe ser escrito para beneficio del predicador.

---

[46] Muchos insisten en que ellos se someten a la guía del Espíritu Santo; sin embargo, encontramos que muchas veces lo que estos "predicadores" comparten no puede ser la palabra de Dios y mucho menos la guía del Espíritu Santo.

Definiciones básicas:

a. Idea Central: ¿Qué es? Muchos ni siquiera lo saben.

Es el **pensamiento de un texto**[47] expresado **en forma de una oración completa** (tema, sujeto[48], complemento).[49] También puede decirse que es una oración completa que identifica el tema del sermón y lo que se dice de él.

Note.- No es algo inventado por el predicador para ayudarse (Ej. Hch. 2:36)[50] La frase resume o condensa el mensaje que uno desea predicar - ¡y, a veces, es difícil encontrar esa oración clave! ¡Por favor! No se desanime; inténtelo y lo logrará.

Anticipándonos un poco, podemos decir que llega el momento de preguntarnos: ¿De qué está hablando el escritor? y ¿Qué está diciendo acerca lo que está hablando?

b. Idea Exegética[51] o Textual:
Es el concepto o verdad bíblica que surge después de un estudio serio y responsable del texto (el resultado de la observación y la interpretación) y que se expresa en términos textuales de un tema y un predicado[52], que dice o habla acerca del tema o sujeto.
Lo que estamos diciendo, es que dicha idea surge del texto mismo.[53]

c. Idea Homilética o Predicable:
Como podremos ver, es una expresión concisa y llamativa de los elementos que están dentro de la idea exegética de un pasaje. Es decir, es la expresión de la idea exegética en términos del predicador y de sus oyentes.[54] Acá es el momento de cruzar el puente, es cuando pasamos del texto a la realidad de quienes oirán el mensaje que predicaremos. Esto es lo que tenemos que comunicar a la congregación y hacerlo entendible, ya que nos hará efectivos en la comunicación.

---

[47] El Dr. Suazo, profesor en el Seminario Teológico Centroamericano de Guatemala lo define así: "Es la idea fundamental o primaria del pasaje bíblico, la esencia de lo que el escritor desea comunicar".
[48] ¿Qué se entiende por sujeto? Dice Robinson: *"Cuando hablamos en cuanto al sujeto de la idea, nos referimos a la respuesta definida y completa a la pregunta: "¿De qué estoy hablando? Aquí el término sujeto se usa en un sentido técnico"*. Es decir, el sujeto en la homilética no es lo mismo que queremos decir con sujeto en la gramática.
[49] Quisiera aconsejarle a leer el libro de Haddon Robinson. El autor hace una amplia explicación del término, haciendo más comprensible a quienes no se han metido profundamente en el tema. Vea la siguiente explicación: *"Definir una idea con 'escrupulosa exactitud' significa que debemos saber cómo se forma. Cuando se la reduce a su estructura básica, la idea consiste de solo dos elementos esenciales: un sujeto y un predicado"*.
[50] El texto dice: *"A este Jesús, a quien vosotros crucificasteis Dios le ha hecho Señor y Cristo"*. El texto resume la idea central del mensaje de Pedro.
[51] Que surge del texto mismo, por ejemplo; si el que habla es Pablo diríamos: *"Pablo exhorta a…" o "El profeta muestra…"*.
[52] Vea el siguiente ejemplo: Siguiendo la cita anterior, vemos entonces el sujeto del pasaje: Jesús; el predicado (o lo que se dice del sujeto). ¿Cómo pondría esto en una frase completa? Por supuesto, para hacerlo tendrá que tener en cuenta todo lo dicho en los versículos anteriores. ¿Qué le parece esta propuesta?: *"Jesús es Señor y Cristo porque Dios así lo ha hecho"*.
[53] Acá le ofrezco algunos otros ejemplos que pueden ayudarle y algunos pasajes que usted mismo debe estudiar, analizar y definir la idea central de los mismos. Uno, Hebreos 11:23-26 – Moisés es el sujeto; ¿qué se dice de Moisés? El predicado. Una posible forma para la idea central exegética sería: *"Por la fe Moisés miró con optimismo el futuro a pesar del sufrimiento presente"*. Nehemías 8:1-18 – La Palabra de Dios es el sujeto; ¿qué se dice de la Palabra? La idea central exegética sería: *"La lectura de la Palabra de Dios trajo bendición y gozo"*. Génesis 45:5-8 – La realidad de José es el sujeto: ¿qué se dice de esa realidad? La idea posible sería: *"La realidad presente de José no era resultado del mal de sus hermanos sino la voluntad de Dios"*. Sería bueno que usted intente hacer lo mismo en otros pasajes. Le sugiero los siguientes: 2 Pedro 1:3-11; Efesios 5:11-20 y Salmos 127.
[54] El Dr. Haddon Robinson dice: *"El lenguaje usado en la idea homilética debe ser atractivo y convincente, sin ser sensacionalista"*. Pág. 100

Texto Bíblico   Audiencia de Hoy

Cada uno de nuestros oyentes, debe irse a su hogar no solo habiendo entendido el mensaje, sino también recordando el contenido. De nada sirve que digan: "¡qué bueno que estuvo el mensaje!" si al rato le pregunta: ¿de qué se trató el mensaje? Y ya no saben decirle. Por esto, busque ejemplos e historias atractivas que ayuden y den gusto de recordar.

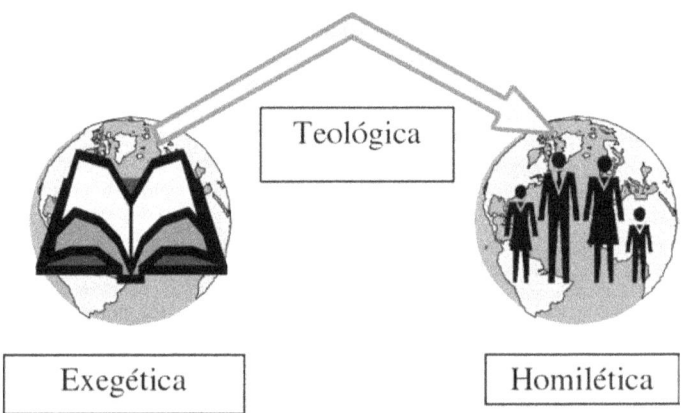

Exegética   Homilética

¡Cuidado! No confundir con un título. Un título es sólo eso. Por ejemplo: "La fe".[55] No podemos mirar a la congregación y decirles: "Hoy hablaremos de la fe", sino que tenemos que decirles qué les diremos acerca de la fe. No nos olvidemos, lo vuelvo a repetir: "es una oración completa, puesta en nuestro propio contexto. En palabras que todos entendemos" (tanto el predicador como su oyente). Una oración que explicará de forma breve todo lo que se predicará.

---

[55] "La Fe" es una generalización. Hay mucho que se puede decir acerca de la fe. Un título podría ser: ¡Al Que Cree, Todo le es Posible! , pero tenemos acá la misma generalización. Otro ejemplo: "La Santificación". Hay mucho que decir de este tema, pero no podemos decir todo acerca del mismo en un solo sermón.

Enunciando la Idea Central:

Ya explicamos lo que entendemos por idea central exegética e idea central homilética, hecho esto, llegamos al momento en que tenemos que enfrentarnos con un pasaje real. Por favor haga un alto en su estudio. Busque un pasaje de su preferencia el cual estaría deseoso de predicar. Vamos paso a paso:

a. Buscar el tema del texto o pasaje:

¿Recuerda lo que vimos al principio? Este es un paso difícil y el predicador tendrá la tarea de descubrir, no sólo lo que será su deseo sino también la voluntad de Dios.[56] Será el primer paso para encontrar lo que será **la idea central**. Es posible que en un pasaje se encuentre más de un tema. Volvamos a Juan 3:16 – Acá tenemos varios temas. Por un lado se habla del amor de Dios, se habla también de la fe, del sacrificio de Cristo, se habla de la condenación en contraste con la salvación. Ahora, usted no puede tomar todos los temas juntos y predicar de cada uno de ellos. Necesita determinar cuál de ellos está por encima de los demás o aquel que encierra a los demás en este caso.

Debemos tener en cuenta que habrá uno que esté por encima de los demás; es decir, más sobresaliente. El propósito del predicador debe ser el de descubrir ese tema y no quedarse con aquello que primero le llame la atención.

Seguidamente procuraremos enunciar de la forma más exacta posible el tema que el escritor quiso dar a conocer. En algunas oportunidades será conveniente usar las mismas palabras del texto bíblico para estar seguro que se está reproduciendo fielmente el pensamiento del escritor.[57]

b. Completar la **Idea Central** agregando al **Tema** su **Complemento**:

El complemento será aquello que el texto o pasaje dice respecto al tema. El tema contesta la pregunta ¿de qué está hablando el pasaje? y el complemento contesta ¿qué dice acerca de lo que se ha identificado como tema?[58]

Unidos, el tema y su complemento formarán la **idea central**. Este es el concepto o verdad que resulte de un estudio exegético expresado en forma de una oración completa.

El tema +
El Complemento =
La Gran Idea

Vea el siguiente ejemplo, incluyendo el pasaje, su idea central y los puntos mayores.
Pasaje: 1 Tesalonicenses 1:1-10

---

[56] Permítame darle estas breves sugerencias: Primero, tome tiempo para orar. Segundo, quite de sí mismo todo pensamiento instalado en algo particular y referido a una o más personas dentro de su congregación. Tercero, (si acostumbra a hacerlo) recurra a anotaciones que haya realizado. Cuarto, (si así está programado) siga la preparación previa de acuerdo a un tema escogido o un libro de la Biblia. Quinto, consulte con su equipo ministerial, es posible que ellos puedan ayudarle en esto.
[57] Esdras 7:10 – "Porque Esdras había preparado su corazón para inquirir la ley de Jehová, y para cumplirla, y para enseñar en Israel sus estatutos y decretos". Acá tenemos bien definido el tema: Esdras con un corazón preparado. ¿Qué se dice de esto? Lo había hecho para inquirir, para cumplir y para enseñar. Vea también algo importante, el repetido uso del término para. De forma natural dicho término le ofrece las divisiones del texto. Entonces, la idea central (puede serlo de forma exegética o también predicable) es: Esdras preparó su corazón para... Luego hablaremos de dejar la idea central en esta forma. Esta misma idea se puede predicar y después desafiar a la congregación para que haga lo que Esdras hizo.
[58] Siga el ejemplo dado de Esdras 7:10.

Idea Central:
   a. (Exegética) Pablo expresa su gratitud por los tesalonicenses.
   b. (Predicable) La Expresión de Gratitud de un Siervo de Dios por el Desarrollo de la Iglesia.

Puntos Mayores:
   1. Dando gracias por el obrar de su fe (v. 4-7)
   2. Dando gracias por el trabajo de su amor (v. 8)
   3. Dando gracias por la constancia de su esperanza (v. 9-10)[59]

c. Comprobar la **Idea Central** comparándola con otras posibilidades:

En su proceso de estudio del texto o pasaje, el predicador ha extraído varios temas y complementos. Pues como vemos, un pasaje puede aportarle al predicador más de una posibilidad de lo que sería la **idea central**.

La tarea ahora será decidir **cuál es la correcta y más pertinente para lo que se desea expresar**. Para esto, será necesario comparar el resultado final con las otras posibilidades y ver si lo decidido concuerda mejor con el desarrollo de todo el pasaje.[60]

Desarrollar la Idea Central:

Este es el paso donde se comienza a armar el bosquejo del sermón. El desarrollo podrá notarse en la aparición de dos, tres, cuatro o más **puntos mayores**. Esto dependerá de la manera en que está escrito el pasaje bíblico escogido y también de su extensión.[61] Consideremos por lo menos dos maneras para desarrollar una idea:
   (1) según la estructura del pasaje
   (2) según el deseo del predicador

La primera es la mejor y guarda fidelidad al texto o pasaje escogido. La segunda corre el riesgo de que el predicador se deje llevar por lo que él considera es mejor y que muchas veces puede estar lejos del significado del texto.

Ejemplo: hace tan sólo unos domingos atrás escuché predicar un mensaje sobre misiones. El predicador tomó como punto de partida Génesis 4:8 centrando su atención en las palabras: "salgamos al campo". Me pregunto: ¿qué relación tiene el que Caín haya dicho a Abel "salgamos al campo" con las misiones? ¿Acaso le estaba invitando a compartir la voluntad de Dios con la gente? ¿No tendría ya Caín definida la muerte de su hermano? La idea es que, creo que hay otros pasajes que se ajustan mejor al tema de misiones sobre la necesidad de "salir al campo", que el utilizar un pasaje que muestra a todas luces la intención de matar en lugar de evangelizar. Tomemos esto tan sólo como

---

[59] Por supuesto, esto es sólo un ejemplo. Será necesario que el predicador realice el conveniente estudio para definir exactamente el cómo se estructurará el sermón a predicar.
[60] No se quede con la primera expresión que usted considera resume el contenido del pasaje escogido. Siempre intente extraer otras posibilidades y luego haga comparación entre todas las posibilidades y recién decida cuál de todas encaja mejor con lo que usted desea compartir y que realmente sale del pasaje.
[61] Por favor, no fuerce al pasaje para tenga los puntos que usted cree debe tener. Hay muchos que enseñan como si fuera una regla cerrada que los puntos deben ser tres y no más ni menos. Esto no es verdad.

lo que es: un ejemplo. Puedo estar errado. Pero, valga la aclaración, le invito a meditar en el ejemplo.

Por otro lado, la idea central de un pasaje tiene (y en esto concuerdan muchos maestros respecto a la predicación expositiva) tres formas de ser utilizada. Veámoslas:

La Idea Central puede ser Explicada:

La explicación o desarrollo de la **idea central** puede variar. Una de esas formas nos permite presentarla a fin de que los oyentes esperen una respuesta a la pregunta: **¿cómo?**[62] Esta sería la respuesta después de la presentación de una idea como 'Debemos servirnos unos a otros'.

La forma más natural para el desarrollo es a través del uso de complementos adverbiales en **los puntos mayores** del bosquejo. Por ejemplo:

(1) Debemos[63] servirnos unos a otros sin egoísmo;
(2) Debemos servirnos unos a otros de corazón;
(3) Debemos servirnos unos a otros poniendo por encima las necesidades de los otros.

Este podría ser el bosquejo mayor de Filipenses 2:3-4 Habría otras formas para explicar la idea central, pero no debemos olvidar que será el pasaje el que siempre gobernará esa idea.

La Idea Central puede ser Probada o Demostrada:

También en este caso, la idea puede ser probada de varias maneras. Normalmente se recurre a los términos "conectivos de razón y lógica" tales como: **porque, pues, ya que, por tanto, para que, etc.** Este tipo de idea pide respuesta al predicador y despierta en los oyentes la pregunta **¿por qué?**

Muchos pasajes bíblicos están escritos de tal manera que permiten esta estructura. Por ejemplo, 1 Corintios 15 presenta una serie de argumentos con el propósito de probar la importancia de la resurrección de Cristo. Piense en la siguiente idea: **'La resurrección de Cristo es vital para la fe cristiana'**. El desarrollo estructural del sermón en sus puntos mayores sería (tal como se muestra el ejemplo al pie de página): (1) Porque… y así sucesivamente.

Le ofrezco el bosquejo para que lo pueda comprobar por usted mismo:
Pasaje Bíblico: 1 Corintios 15:1-24

---

[62] Dentro de las reglas para escribir o redactar con propiedad un determinado artículo, tópico, o comentario, este debe responder a las siguientes seis preguntas ¿Cómo? ¿Qué? ¿Por qué? ¿Cuándo? ¿Dónde? y ¿Quién? Haddon Robinson en su libro utiliza una poesía que habla de estos:
    Tengo seis fieles amigos,
    Me enseñaron todo lo que sé,
    Sus nombres son Cómo, Qué y Por qué,
    Cuándo, Dónde y Quién.
Tomemos en cuenta cada uno de estos a la hora de expresar, explicar o desarrollar la idea central de un sermón.

[63] Nota.- Hay muchos, a quienes no gusta el uso de la palabra "debemos" porque da la idea de deuda y ante eso prefieren la utilización de gerundios. Siguiendo el ejemplo de Filipenses 2.3-4, el cambio se vería de esta manera: 1.- Sirviéndonos unos a otros sin egoísmo. 2.- Sirviéndonos unos a otros de corazón. 3.- Sirviéndonos unos a otros poniendo por encima las necesidades de los demás. (Acá un problema, no grande, pero problema al fin. Cuidado de que la extensión difiera demasiado entre los puntos).

La Idea Central: "La Resurrección del Creyente es una Gloriosa Realidad"

Entonces viene la pregunta: ¿por qué?
1. Porque la resurrección es un principio esencial del Evangelio (v. 1-4)
2. Porque las apariciones del Cristo resucitado son suficiente evidencia de nuestra resurrección (v. 5-11)
3. Porque la negación de la resurrección muestra la falsedad del testimonio cristiano (v. 12-15)
4. Porque la negación de la resurrección destruye toda esperanza del creyente (v. 16-24)

La Idea Central puede ser Ampliada:

En este tipo de presentación, **la idea central** es presentada mayormente en forma completa, pero no totalmente. Los puntos mayores amplían el concepto que ha sido vertido en la idea.

Es necesario tener una idea completa como idea central, pero los puntos mayores servirán además, como otros complementos de esa idea. Los sermones biográficos son los que se adecuan mejor a este tipo de desarrollo, sobre todo cuando se enfatiza aquellas características sobresalientes del personaje bíblico. Por ejemplo en Esdras 7:10. La idea central sería: "**Esdras preparó su corazón**" [note que es una idea completa, Esdras (sujeto), preparó (verbo) y su corazón (complemento)] La estructura o bosquejo sería:

(1) Esdras preparó su corazón para inquirir la ley de Jehová,
(2) Esdras preparó su corazón para cumplir la ley de Jehová y
(3) Esdras preparó su corazón para enseñar la ley de Jehová.

Sepan que esto es un ejemplo de lo que llamamos "idea exegética o textual". Además de esto, deberíamos considerar la forma en que lo pondríamos homiléticamente o de acuerdo al contexto actual.

Podemos tomar otro ejemplo de Hebreos 11:8-10 con Abraham y realizar un bosquejo del mismo.

Estructurar el Sermón:

Al desarrollar la **idea central** en una de las formas que se ha visto, ya estamos inmersos en el proceso de elaborar el bosquejo del sermón. El predicador no debe olvidar, como dijimos anteriormente, que el pasaje será quien determinará el número de **puntos mayores**[64] del sermón que le dirán cómo debemos desarrollar la **idea central**.

Para esto, ya deberemos contar con las divisiones naturales del pasaje. Tenerlas significará que se puede hablar del bosquejo mayor, (la columna vertebral del sermón) que contiene los puntos principales en forma de oración completa con su propia referencia textual.[65]

---

[64] No olvide de tomar en cuenta el uso de los conectivos (es decir, términos que conectan una oración con otra) tales como: "y", "pero", "para", etc.
[65] El Dr. Haddon Robinson dice: "la estructura le da al sermón un aspecto de orden, unidad y progreso". Y agrega: "*El bosquejo, por lo tanto, cumple por lo menos cuatro propósitos. Primero, **clarifica** a la vista y mente del orador las relaciones entre las partes del sermón. Segundo, el orador **tiene una visión** de su sermón como un todo y por eso realza su sentido de unidad. Además, el bosquejo **cristaliza** el orden de las ideas de manera que el oyente las reciba en una secuencia apropiada. Por último, el predicador **reconoce** las partes del bosquejo que requieren material adicional que sirva de fundamento para desarrollar sus puntos*".

Elaborar el bosquejo menor – los subpuntos:

En los **sub-puntos**[66] se está explicando el texto bíblico, así que se necesita que los mismos sean presentados en forma exegética (con las mismas palabras que aparecen en el texto).

Una nota para el predicador: los **sub-puntos** son una ayuda, Estos le guían y mantienen dentro del texto y sermón. No necesitan ser expresados en forma de oraciones completas. Pueden ser frases (como ilustraciones o aplicaciones), oraciones incompletas, expresiones o palabras sueltas que de alguna manera comuniquen lo que desea decir.

En los sub-puntos se encuentra lugar para explicar las cuestiones gramaticales, literarias, históricas y demás dudas que surjan del texto. Es allí donde se pueden aclarar términos o frases difíciles de entender. Se deben dar definiciones y ubicar a los oyentes dentro del contexto del escritor, del propósito del libro o epístola, etc.[67]

Un punto final acerca de los puntos mayores y los sub-puntos en la estructura del sermón: las transiciones. Se trata de un tema al que a veces muchos predicadores restamos importancia. Y es que el paso de un punto a otro debe ser realizado de forma tan natural, al hecho que nadie en la congregación pederá el hilo de pensamiento que se está expresando. Como dice Robinson: *"las transiciones cuidadosamente construidas ayudan al oyente a pensar con el orador, de manera que se desplacen juntos por el sermón. Una transición eficaz, notifica a la audiencia que el predicador va a continuar. Dado que las transiciones claras no surgen con facilidad en el momento, deben ser planeadas de antemano".*[68]

Preguntas para repaso:

1. ¿Cuáles son los pasos mayores que deben darse en la formulación del sermón?
2. ¿Qué son puntos mayores? ¿Cuál es la diferencia con los sub-puntos?
3. Elija un pasaje bíblico y procure elaborar un sermón siguiendo los pasos aprendidos.
4. Escoja un pasaje que haya atraído su atención y, luego de estudiarlo, procure determinar la idea central que domina en el mismo. Tome en cuenta que la idea puede ser explicada, demostrada o ampliada.
5. ¿Qué y cuál es la estructura del mensaje o sermón?

---

[66] No es una obligación tenerlos, pero si el predicador ve que serán de ayuda a su comunicación al momento de predicar, puede tenerlos.
[67] Tenga cuidado de no incurrir en el error que cometemos muchos predicadores de dar una clase académica en lugar de comunicar el mensaje que su congregación desea y necesita escuchar. Si quiere explicar a profundidad porque dice esto o no dice esto el griego, o cosas semejantes, déjelo para el tiempo de estudio bíblico.
[68] Haddon Robinson, La Predicación Bíblica, págs. 131-132

Trabajo Práctico Capítulo 4

En este trabajo práctico presentaremos algunos pasajes bíblicos, indicando lo que sería la idea central y el bosquejo tentativo del mismo. Sin embargo, quiero que recordemos que este no es un trabajo completo. Necesitamos seguir los pasos aprendidos en los capítulos uno, dos y tres; sin estos, la tarea será inconclusa y no beneficiará a nadie.

El siguiente es un ejemplo tomado del Dr. Evis Carballosa:[69]
Pasaje Bíblico: Santiago 5:13-20
Idea Central: "Cinco Ingredientes para Cuidar de Nuestra Salud Espiritual" (Carballosa toma la idea del conjunto de versículos).
Bosquejo:
 1. Nuestra salud espiritual se fortalece por medio de la oración (5:13-15, 17-18)
 2. Nuestra salud se fortalece por medio de la alabanza (5:13)
 3. Nuestra salud espiritual se fortalece por medio de hombres maduros (5:14)
 4. Nuestra salud espiritual se fortalece por medio de la confesión (5:16)
 5. Nuestra salud espiritual se fortalece por medio de la restauración (5:19-20)

 Este es un ejemplo de la idea central ampliada. Es decir, tenemos el sujeto y a este le agregamos elementos que explican el texto.

Otro ejemplo:
Pasaje Bíblico: Josué 24:1-28
Idea Central: "El Señor Nos Desafía a Servirle Incondicionalmente" (vea v. 14)
Bosquejo:
 1. Recordando hechos poderosos a nuestro favor (24:1-13)
 2. Quitando obstáculos que impiden nuestro servicio (24:14-24)
 3. Declarando públicamente nuestro compromiso de servicio (24:25-28)

 Este ejemplo responde a una idea que requiere ser explicada.

Tercer ejemplo:
Título: YO TAMBIÉN SOY CRISTIANO
Texto: Hebreos 11:24-26

Introducción:
 "Yo también soy cristiano", ¿qué significa realmente esta expresión? ¿Tiene un verdadero sentido en quienes la utilizan? Lamentablemente, en la mayoría de los casos no deja de ser una frase gastada y sin sentido.

---

[69] Santiago: Una Fe en Acción, Evis Carballosa, Editorial Portavoz, 1986, pág. 294.

En los comienzos de nuestra y como parte de la historia del Imperio Romano, uno de los grandes emperadores del imperio decidió construir el más famoso de sus coliseos, para su cometido, contrató los servicios de uno de los grandes arquitectos de la época. El propósito, era que este Coliseo o Anfiteatro superara en belleza y grandeza a todos los demás que existían en ese tiempo. Esta decisión del emperador y el gran trabajo del arquitecto contratado, dieron lugar al ya célebre COLISEO DE ROMA.

Lo insospechado resultó en el momento mismo del acto de inauguración. Una gran multitud se había dado cita ante la invitación del Emperador. El mismo era quien presidía tan importante evento. A su lado, el Emperador había hecho sentar al arquitecto constructor, el propósito era hacer un reconocimiento público por tan monumental obra y darle los honores que merecía. Al momento de iniciarse el evento, ingresaron a la arena un grupo de cristianos que habían sido condenados a la muerte por no estar dispuestos a renegar de su fe en Cristo.

Entonces, el Emperador elevó su voz diciendo: ¡El Coliseo ha sido terminado! Y hoy, estamos aquí para celebrar este gran acontecimiento; y al mismo tiempo, estamos aquí para rendir honores a quien ha sido el constructor de tan monumental obra. Para esto, no hay mejor forma que celebrar si no es entregando a los leones a aquellos que no han estado dispuestos rendir pleitesía al Emperador, cristianos.

Y entonces, sucedió lo que nadie esperaba. En medio del bullicio, aplausos y grande estruendo de toda la concurrencia, el arquitecto, puesto en pie y con gran voz dijo:
¡YO TAMBIÉN SOY CRISTIANO!

Por unos instantes se hizo un grande silencio y la sorpresa cautivó, no sólo a la multitud, sino también al mismo Emperador. Al silencio, le siguió una descarga de odio difícil de contener. Toda la celebración y homenaje se terminó y el Emperador dio una orden que nadie hubiese esperado; ordenó que el arquitecto sea tomado y echado junto a los demás cristianos a la arena del Coliseo ya dispuestos a morir. Después de unos momentos más, se abrieron las puertas, de las que salieron hambrientos leones que se lanzaron contra aquellos indefensos cristianos, y que fueron devorados en cuestión de minutos.

Me pregunto, ¿da la fe de nuestros días para que podamos proclamarla a los cuatro vientos si nos tocara vivir un momento semejante a de esta historia? Es posible que esta pregunta no tenga una respuesta rápida y concreta.

Sin embargo, el ejemplo que tenemos en esta historia, no es un hecho aislado de la misma. La Biblia registra los hechos de hombres y mujeres que estuvieron dispuestos a dar su vida con tal de defender su fe; y aún la historia extra bíblica registra hechos de semejante magnitud.

Por esto hoy, cuando más se necesita proclamar nuestra fe, deseo invitarles a considerar conmigo uno de los tantos ejemplos bíblicos de una proclamación de fe como el de la historia relatada. Le invito a abrir su Biblia en Hebreos 11:24-26.

Contexto Bíblico:
   La carta a Los Hebreos fue dirigida a judíos cristianos. Fue enviada por su escritor en un momento difícil para sus lectores. Estos se encontraban en un momento de abandonar su fe en Jesucristo. El escritor intenta, a través de sus palabras de exhortación, advertirles acerca de las consecuencias que se podrían tener si se diera este paso, y por otro lado; quiere mostrarles que el cristianismo es superior al judaísmo.
   Esta carta se divide en dos partes fundamentales. En la primera, **se enfatiza la superioridad de Cristo sobre el sistema mosaico (10:18)**. En la segunda, **se muestra las consecuencias prácticas de tal superioridad por medio de una serie de exhortaciones (10:10-13:35)**. La idea central de la carta es: SI CRISTO ES SUPERIOR, EL CRISTIANISMO DEBE VIVIR UNA VIDA SUPERIOR.
   Al llegar al capítulo 11, el escritor enfoca una exhortación práctica a través del ejemplo de los llamados "héroes de la fe". Entre estos, uno de los que sobresale es Moisés, quien en su vida estuvo dispuesto a renunciar a los beneficios de la vida presente, aun cunado para ello tuviese que pasar por el sufrimiento, y puso su mirada de optimismo en el galardón futuro. UN EJEMPLO DE VIVA FE.

Por lo tanto, este ejemplo de Moisés nos debe estimular al pensar en que:
Idea Central:
   POR LA FE PODEMOS MIRAR EL FUTURO CON OPTIMISMO A PESAR DEL SUFRIMIENTO PRESENTE
¿Cómo se logra esto?
1. **La fe nos permite renunciar a posiciones de privilegio pasajeras:**
   v. 24 Por la fe Moisés, hecho ya grande, rehusó llamarse hijo de la hija de Faraón.

   a) ¿Qué sustentaba la fe de Moisés?
   - La fe de Moisés encontraba su fundamento en la fe de sus padres.
   - Se trataba de aquellos padres que estuvieron dispuestos a jugarse el todo por el todo al esconder a su hijo en una arquilla de juncos.
   - Se trataba de aquellos padres que decidieron confiar en Jehová antes que en las amenazas del Faraón.
   b) ¿Qué clase de fe era la de Moisés?
   - No se trataba de una fe ciega.
   - Su fe, era una fe que al considerar las posibilidades que había, encontró su respuesta clara en la promesa de Dios.
   - Fue una fe que vio por anticipado la bendición y la protección de Jehová.
   c) ¿Cómo es nuestra fe? ¿En qué se fundamenta? ¿Es segura?

2. **La fe nos ayuda a aceptar el maltrato que podemos recibir:**
    v. 25 escogiendo antes ser maltratado con el pueblo de Dios, que gozar de los deleites temporales del pecado,

    a) Moisés era testigo de los maltratos recibidos por los judíos.
        - Para él no sería fácil sufrir junto a ellos.
        - Recuerde a Mateo, un publicano vendido a los romanos para maltratar a sus propios hermanos.
    b) Moisés puso por delante la posición de otros.
        - Moisés sabía que su pueblo era "el pueblo de Dios".
        - Moisés sabía que buscar el bien de ellos era buscar su propio bienestar.
    c) Moisés consideró como temporales los deleites de esta vida.
        - Los disfrutes de esta vida son temporales para quienes han alcanzado la vida eterna.
        - Los disfrutes de esta vida son producto del estado pecaminoso del hombre.
    d) ¿Cómo es con nosotros? ¿Buscamos el bienestar de los otros? ¿Preferimos los deleites de esta vida o miramos al futuro?

3. **La fe nos hace mirar como superior el vituperio de Cristo:**
    v. 26 teniendo por mayores riquezas el vituperio de Cristo que los tesoros de los egipcios; porque tenía puesta la mirada en el galardón.

    a) ¿Qué es el vituperio de Cristo?
        - Refiere a la cruz, el desprecio recibido, el rechazo; todo lo que fue parte del sufrimiento por el pecado del mundo.
        - Siendo el vituperio de los hebreos en Egipto figura del que Cristo mismo experimentó.
    b) ¿Qué fue lo que motivó esta decisión en Moisés?
        - Dice que puso su mirada en el galardón. Vea lo que dice Hebreos 11:39-12:2
        - El disfrutar de la eterna presencia de Dios. Vea Juan 14:1-3
    c) ¿Qué es nuestro deseo? ¿Cómo lo haremos?

Conclusión:

¿Te atreves a ser como el arquitecto de nuestra historia? ¿Estarías dispuesto a elegir como eligió Moisés? ¿Cuán importante consideras tu vida y tu posición delante del mundo?

Hoy quiero hacerte un desafío, un desafío práctico.

Hemos visto a través de este pasaje que: **POR LA FE PODEMOS MIRAR EL FUTURO CON OPTIMISMO A PESAR DEL SUFIMIENTO PRESENTE**. Específicamente, nos referimos a esa clase de fe que nos lleva a tomar resoluciones determinantes en la vida. Por lo que, si durante este tiempo, el Espíritu Santo te ha hablado, te invito a que respondas positivamente al desafío que Dios te ha hecho.

Recordemos: La primera resolución que tomó Moisés fue la de renunciar a posiciones de privilegio. Estamos diciendo que tuvo que escoger entre servir a Jehová o llegar a ser rey del imperio. ¿Te estás enfrentando a una situación semejante en este momento? Quiero invitarte a que tomes una decisión ¡ahora! ¿Lo harás? Si deseas hacerlo, pasa adelante manifestando tu decisión.

La segunda resolución de Moisés fue la de aceptar el maltrato que podía recibir. Es decir, tuvo que estar dispuestos a soportar el maltrato en sí mismo y que estaban recibiendo los de su pueblo. ¿Hay entre los tuyos alguien a quien tú podrías ayudar, aun al precio de sufrir? Si lo conoces a esa persona, hazlo ¡ahora! Si esa persona está acá, acércate a ella y manifiéstale tu decisión.

La tercera resolución fue la de poner encima de su sufrimiento, el sufrimiento de Cristo por él. Estamos diciendo que Moisés estuvo dispuesto a recibir el rechazo, el oprobio, y aún la muerte. El tenía en mente lo que Cristo haría por él. La pregunta es: ¿Estás tú dispuesto a llevar sobre ti el sufrimiento de Cristo? ¿Es tú fe suficiente como para hacerlo? Hay momentos en que decimos "estoy dispuesto a sufrir y hasta morir por Cristo". De verdad, ¿lo harías? ¿Te encuentras en una situación donde se requiere una demostración clara de tu fe? Si ese es el caso, hazlo ¡ahora!

El deseo de mi corazón es que tu decisión, sea una decisión real, genuina. Dios conoce tú corazón y sabe lo que estás decidiendo.

¡Dios te bendiga!

Como podrán darse cuenta, en este tercer ejemplo lo he presentado un sermón en casi todo su desarrollo esperando que el mismo ayude a entender aún mejor lo que estamos diciendo con los diferentes pasos que deben darse en la preparación de un sermón expositivo. Lo único que no he incluido ha sido ilustraciones y aplicaciones (estas las he dejado en forma de pregunta).

Capítulo 5
El proceso en la preparación de sermones expositivos
La Estructura Final del Mensaje

Introducción:

DESPUÉS DE LOS PASOS DADOS, creo estamos preparados para el paso final. Ahora es cuándo expondremos delante de la congregación el resultado de todo el trabajo realizado. Ilustrando esta tarea, es como una madre que da a luz a lo que se ha estado gestando en su vientre durante esos largos nueve meses. Antes de hacerlo, vaya una vez más a Dios en oración. Deposítele toda su confianza para que ese momento sea Él quien hable a los oyentes y usted simplemente un canal por el cual fluye esa palabra viva.

Llegando a los oyentes con la Palabra de Dios o Comunicación:

Este es el momento de la verdad: la práctica. Ahora es cuando el predicador verá el fruto de su trabajo. Llegado este tiempo ya debe estar listo un sermón ordenado, coherente y con un propósito bien definido. Además habremos determinado lo que será la **idea central** y lo que será el bosquejo. Pero ¡cuidado! El **bosquejo** no es el mensaje. Para serlo tendrá que ser trasladado al lenguaje que los oyentes entiendan y que apele a su razonamiento y corazón.

Personalmente, creo que este paso puede resultar difícil para cualquier predicador, y especialmente para aquellos que realizan sus primeras incursiones en tan digna tarea.[70] Pero no nos preocupemos, Dios hablará por nosotros. Véalo así: Solamente requiere de la habilidad para expresar asuntos técnicos (exegéticos, bíblicos, teológicos) en el lenguaje cotidiano de las personas y no sólo para los cristianos, sino especialmente para aquellos que no conocen al Señor Jesucristo como Su salvador.

Aquí es donde los principios de la comunicación juegan un papel de suma importancia. La tarea es comunicar con la mayor efectividad posible, aprovechando al máximo los recursos propios y ajenos que apoyen la comunicación de su mensaje. A la par de los elementos 'formales' (vocabulario, idea homilética, material de apoyo, intro-

---

[70] Y no sólo será difícil por los aspectos mencionados, sino también por el hecho mismo de no estar acostumbrados a predicar expositivamente; es decir, siendo controlados por el texto mismo sin dar lugar al deseo del predicador.

ducción, aplicaciones, conclusión,)[71] Se necesitará también de los elementos 'informales' y que tienen que ver con la personalidad y presentación del predicador (manera de vestir, voz, ademanes, gestos, la emoción, y manejo del escenario)[72]

Elaborar la Idea Homilética o Predicable:

Para comenzar necesitamos recordar la definición de idea homilética que vimos: "Es una expresión concisa y llamativa de los elementos de la idea exegética[73] o textual". Entonces, lo que tenemos que hacer es trasladar la idea central (tema y complemento), expresada en términos exegéticos, a una que se exprese en términos comunes y entendibles a los oyentes. Se tiene que tomar en cuenta lo siguiente: ¿quiénes son?, la ocasión ¿para qué o cuándo es? y cualquier otro elemento que le ayude a formular la idea predicable.

El reto o desafío será formular una idea que sea llamativa,[74] fácil de recordar[75] y que impacte a su audiencia. Es posible que tengamos que introducir algunos cambios para este logro, pero lo que sí no debemos olvidar, es que debemos mantenernos fieles al texto bíblico.

Trasladar los Puntos Mayores a expresiones Homiléticas:

Es el siguiente paso y similar a lo que se hizo con la **idea exegética o textual** a **idea homilética o predicable**. Ahora será trasladar **los puntos mayores** a palabras homiléticas o predicables.

Es posible que no sea necesario convertir cada elemento de los puntos mayores en términos homiléticos. Muchas veces encontraremos que la forma original del texto comunica perfectamente lo que se desea compartir; dado este caso, el predicador podrá mantener esa forma; de todos modos el predicador debe estar completamente seguro que tales palabras si son comprendidas por sus oyentes y que reflejan concretamente el contenido del pasaje.

Al igual que **la idea homilética** o **predicable, los puntos mayores** sí se anuncian y se repiten a la audiencia (2 Pedro 1:12)[76], así que es necesario expresarlos lo más claramente posible para que sean entendidos y recordados por la mayoría.

Escribir el bosquejo final con todos sus elementos:

Es una tarea que no a todos los predicadores nos gusta realizar. Sin embargo, y aún más para quienes principian aplicando este proceso de preparación de sermones, se recomienda que la practiquen y la usen regularmente.

Existen páginas web que presentan series de bosquejos de sermones que pueden ser

---

[71] Para esto es que se necesita del apoyo de los libros incluidos en la lista compartida en capítulo anterior.
[72] En esto, juega un papel muy importante el conocimiento del ambiente donde nos movemos ministerialmente.
[73] No olvide la nota explicativa sobre este término y la forma en que lo estamos utilizando en este libro.
[74] Busque términos que se graben en la mente del oyente.
[75] En esto, se necesita tener cuidado respecto a la extensión. De hecho, si usted lee a diferentes autores, maestros de predicación; encontrará que cada uno le dará su sugerencia o consejo. Por mi parte, considero que usted conoce a sus oyentes y sabe lo qué será mejor entendible por cada uno. Por lo tanto, presente su idea según cree usted que mejor será entendida y recordada.
[76] Pedro indicaba a sus lectores la necesidad de la repetición. Esta es una ley dentro de las enseñanzas de la comunicación. Cuantas más veces se repite una cosa, la misma se graba.

de mucha ayuda. Le ofrezco las siguientes: **www.logoi.org** – **www.obrerofiel.com** – **www.desarrollocristiano.com**. Estos bosquejos de sermones y en algunos casos acompañados por un desarrollo del sermón, le brindarán la oportunidad de ver como otros predicadores hacen su trabajo. De todos modos, quiero decirle algo muy importante y que necesita tomar en cuenta. Ocurre que cuando vemos un bosquejo de otros, somos tentados a dejar nuestro estudio a un lado –ya que preparar un sermón resulta trabajoso y será más fácil piratear ese sermón. Si lo hace, quien saldrá perdiendo (en primera instancia) es usted mismo, ya que perderá la bendición del estudio personal, el experimentar la iluminación del Espíritu Santo y el gustar de la verdad de la Palabra de Dios llegando a su corazón. Pero también perderá su congregación, ya que lo que usted comparta, no será algo que les estimule a seguirlo ya que no será el resultado de su propia experiencia.

El bosquejo será la guía que conducirá al predicador desde el principio al final del mensaje que desea comunicar. De la misma manera que si tuviéramos un mapa que nos indica el camino a la mina que guarda un gran tesoro. No tener un bosquejo, será como salir a buscar un tesoro sin mapa y sin brújula. Es posible que lleguemos a algún lugar, pero con seguridad no será el lugar donde deseábamos llegar.

La **Introducción**:

Aunque parezca raro, la introducción será escrita al final del proceso de preparación. ¡Por favor, no intente hacer la introducción al inicio de su trabajo! Aunque usted no lo crea, es un punto en contra. Es como querer comenzar algo sin tener las herramientas necesarias para hacerlo.

Después de saber lo que dice el pasaje y de haber desarrollado el bosquejo, debe pensarse en **cómo** se ha de iniciar el sermón.

La introducción será lo que ponga a la audiencia en la senda del sermón, lo que "pica" su apetito por escuchar lo que sigue. Lo que "levanta" el deseo de aprender y aplicar lo que el predicador dice. La introducción despierta una necesidad en la gente[77], y también permite que la congregación se de cuenta que el sermón que se compartirá es de origen netamente bíblico. Con total justicia, tanto comunicadores cristianos como no cristianos sostienen que las primeras palabras que se emiten en una charla, conferencia o sermón ante una audiencia son cruciales en el proceso de la comunicación.

¿Cuáles son los objetivos de la introducción? Principalmente, captar la atención de la audiencia. Necesitamos recordar que no existen audiencias cautivas. Pero también la introducción es para introducir el tema que se va a exponer. Por esto, necesitamos enfocarnos en el tema y no en introducir el sermón con cualquier cosa que no tenga nada que ver con el mismo.

---

[77] Es decir, hace que los oyentes predispongan su atención para saber cómo sus necesidades pueden ser satisfechas. Robinson dice: *"Si el predicador no capta la atención en los primeros segundos, probablemente nunca lo haga"*. Pág. 162 Y termina diciendo: *"Cualquiera sea la forma en que comience, el ministro tiene que hacer todo lo posible para atraer la atención en las primeras 25 palabras. Una introducción que atrape el oído asegura que lo que sigue valdrá treinta minutos del tiempo de cada persona"*. Pág. 163

La pregunta que habría que hacerse es: ¿cuál es la mejor manera de comenzar el sermón? La introducción dependerá de la respuesta a esta pregunta.

Por ejemplo, en cierta oportunidad fui invitado para dar un sermón que abordaría el tema de la **UNIDAD**, una vez preparado el sermón, decidí comenzar con un verso del Martín Fierro de José Hernández. El verso decía:

> *Los hermanos sean unidos*
> *Porque esta es la ley primera,*
> *Tengan unión verdadera*
> *En cualquier tiempo que sea,*
> *Porque si entre ellos pelean,*
> *Los devoran los de afuera.*

Se trataba de una introducción breve, pero que despertó la atención de la gente. Primero, porque muchos habían leído el *Martín Fierro*, y segundo, porque veían una realidad humana que la Biblia aborda de forma clara y precisa. El ejemplo fue claro dentro de su contexto: Argentina.

Pero bien, también existen peligros que en una introducción deben ser evitados. Uno de los principales, es el de usar algo no adecuado para comenzar, por ejemplo, un chiste. No llame la atención así, es posible que después sus oyentes recuerden el chiste[78] y nada del sermón. (No trato de ser aguafiestas en esto).

Tampoco debemos pedir disculpas, sean estas porque no hemos tenido el suficiente tiempo para prepararnos, o porque nos sentimos mal de salud, u otra cosa. Si no nos hemos preparado, dejemos que otro lo haga. Si no nos sentimos bien de salud, busquemos que alguien nos reemplace. Pero con pedir disculpas, en vez de ganarnos el aprecio de la gente, nos ganaremos su compasión.

Para introducir su sermón puede utilizar frases célebres, citas de personajes famosos, preguntas que el sermón responderá, referencias a una ocasión especial, un aspecto propio de la experiencia del predicador o los mismos oyentes y también ilustraciones apropiadas (acontecimientos de la vida real, de origen histórico o de carácter hipotético).

Finalmente, quiero sugerirle los siguientes aspectos. Primero, **si va a explicar algo**, usted como predicador **asumirá que su audiencia lo desconoce o ignora**. Segundo, **si va a probar** o argumentar algo que de verdad lo merece, usted **asumirá que su audiencia lo cree**. Tercero, si **va hacer una aplicación** específica de algún punto, **necesitará asumir que; aunque su audiencia lo cree, no lo vive**.

---

[78] No olvide que no todos tienen la habilidad para contarlos.

El **Propósito del Sermón**:

Define qué es lo que se desea alcanzar; es decir, va hacia la meta propuesta. Este debe estar incluido dentro del sermón. El predicador debe preguntarse: ¿Cuál debe ser el resultado de compartir este sermón? ¿Qué cambio deseo que haya en la audiencia? ¿Para qué voy a predicar? ¿Por qué son necesarias las palabras que habré de compartir?

Nosotros no vamos a predicar nuestro propósito, pero sí debemos predicar con un propósito bien definido. El Dr. David Suazo, profesor de predicación en el Seminario Teológico Centroamericano afirma que: "*Ningún predicador puede permitirse el error de predicar sin un propósito claro y definido en su mente*".[79]

La Palabra de Dios está para producir cambios[80] (se hará a través de las aplicaciones) en la vida de las personas y por esto el predicador necesita pensar qué cambio particular desea alcanzar en quiénes le habrán de escuchar. Esto habrá de influir en el tipo de aplicaciones que se harán.

Un propósito necesita ser específico. En otras palabras debe apuntar a la persona en particular, no en conjunto. Las decisiones son personales. Por otro lado, un propósito necesita ser medible; es decir, se necesitan ver los resultados alcanzados. Un propósito necesita ser pertinente. Acá apuntamos a la vida diaria de cada uno de los oyentes.

En suma, podemos ilustrar el propósito dentro del sermón observándolo desde el ángulo del predicador y el otro de los oyentes. Sería así:

Predicador	Oyentes
1. Informar	1. Que entienda
2. Persuadir	2. Que se convenza
3. Aplicar	3. Que cambie

Por otro lado, un buen propósito mantiene al predicador dentro de la ruta señalada. Evita el desviarse del tema y el caer en rodeos o redundancias que no ayudarán a la audiencia. Pero también hace que el predicador descarte cualquier material que no aportará nada al desarrollo del sermón.

Terminamos diciendo que el propósito nos ayuda en la conclusión del sermón. Cuando no lo tenemos en la predicación comenzaremos a girar en torno a un sin fin de palabrerías y nunca concluiremos. Por lo tanto, no olvidemos que la congregación se cansará del bla bla bla, y finalmente no tendrá ya ganas de seguir escuchando. La idea es: Diga lo que tiene que decir y termine.

El **Cuerpo del Sermón**:

Es el lugar donde se incluyen todos los demás elementos que forman el sermón: La **idea**

---

[79] David Suazo, Notas de Clase sobre Predicación Expositiva, Guatemala, 1990 – El Dr. Robinson diría: "No importa lo brillante o lo bíblico que sea nuestro sermón, sin un propósito concreto no vale la pena predicarlo". Pág. 107.
[80] Todo predicador necesita tener su mente puesta en alcanzar "una decisión". Algo importante: Resulta claro decir que las decisiones vendrán por el obrar del Espíritu Santo en las personas, pero no olvide que usted es el canal por el cual el Espíritu Santo envía el mensaje. Vea estos ejemplos: Pablo le escribió a Timoteo: "*para que si tardo, sepas cómo debes conducirte en la casa de Dios, que es la iglesia del Dios viviente, columna y baluarte de la verdad*" (1 Ti. 3.15). Judas por su parte dijo a sus lectores: "*Queridos hermanos, he sentido grandes deseos de escribirles acerca de la salvación que tanto ustedes como yo tenemos; pero ahora me veo en la necesidad de hacerlo para rogarles que luchen por la fe que una vez fue dada a los que pertenecen a Dios*" (Jud. 3, VP).

exegética (no se predica, pero le sirve al predicador como transición), la **idea homilética** (que se comparte con la audiencia), los **puntos mayores** y los sub-puntos. Se incluye además el material de apoyo (ilustraciones, aplicaciones, explicaciones, etc.)[81]

¿Qué perseguimos con esto? Primero vamos a comentar algo respecto al material de apoyo. Dice Robinson que: "*El material de apoyo es al bosquejo lo que la piel a los huesos o las paredes a la estructura de una casa*".[82] Este se utiliza con el fin de aclarar, reforzar o atraer la atención de la audiencia hacia algún concepto que se ha vertido y que el predicador ve necesario hacer. No tenemos que olvidar que el ser humano no mantiene el mismo interés en lo que escucha mucho tiempo y será necesario mantenerlo dentro del sermón.

¿Qué cosas pueden utilizarse dentro del material de apoyo? Se puede hacer uso de definiciones[83], narraciones, información, testimonios[84], opiniones, ilustraciones[85], etc.

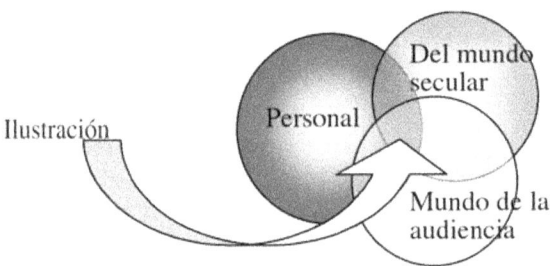

Las ilustraciones funcionan mejor cuando traslapamos el mundo personal con el mundo de la audiencia y con el mundo secular. (vea la ilustración arriba)

En relación a las ilustraciones, como predicadores necesitamos recordar que éstas son para aclarar y aplicar las ideas expresadas. Generalmente, introducimos una ilustración con la expresión "por ejemplo". Al usar ilustraciones, es importante que las mismas surjan del ambiente mismo en que la audiencia se desenvuelve. Por ejemplo (estoy ilustrando), si la audiencia está constituida por gente campesina, usaremos ilustraciones referidas al campo. Si es de la ciudad, ilustraciones de aspectos de la ciudad. En fin, trate de adecuarse al lugar donde está.

Otro aspecto y de fundamental importancia son las aplicaciones. El apóstol Pablo, escribiendo a Timoteo hace ver la necesidad de la aplicación.[86] Dice: "*Toda la Escritura es inspirada por Dios, y útil para enseñar, para redargüir, para corregir, para instruir en justicia, a fin de que el hombre de Dios sea perfecto, enteramente preparado para toda buena obra*".[87]

---

[81] El Dr. Suazo dice que "*el material de apoyo es como los músculos y los nervios en el cuerpo humano*".
[82] Robinson, Ibid. Pág. 137
[83] Pero cuidado con dar un discurso académico.
[84] Puede usarse testimonios personales o de otras personas (estos, con el permiso de los involucrados).
[85] Las ilustraciones necesitan ser claras, breves, interesantes y de uso limitado. Algo importante, tome nota del siguiente libro: El Arte de Ilustrar Sermones, Dr. Les Thompson, Editorial Portavoz, 2001
[86] Una vez más, el Dr. Suazo dice: "Sin aplicación, el sermón se limita a una simple exposición académica, a una información arcaica sin utilidad o a una exhibición de elocuencia y emotividad".
[87] Como puede ver, el v. 16 habla de la utilidad de la Escritura; mientras que el v. 17 muestra el propósito de la Escritura y esto sólo se logra por medio de la aplicación. Es como cuando el médico da la medicación a un enfermo; para lograr su efecto, éste tendrá que aplicarla.

¿Cuáles serían algunas características de una buena aplicación? Primero, necesariamente debe ser bíblica. Implica que tiene que surgir del texto mismo y sin ningún tipo de imposición. En estos últimos días estaba escuchando y viendo por televisión a un predicador. Su énfasis: ¡Libre de Deudas! Y decía, envíe su dato de deudas actuales incluyendo una ofrenda y usted será libre de deudas inmediatamente. Dios sacará de deudas según su voluntad y consecuencia de quien lo haya asumido. ¿No condicionaba así el obrar de Dios?

Segundo, toda aplicación[88] necesita ser personal. Lo tradicional es: "que Dios nos ayude a…", se trata de una aplicación generalizada. ¿Acaso se sentarán todos los de la congregación y entrarán en acuerdo para ver si harán o no lo que la predicación les demanda? No, cada decisión es personal y por lo tanto la aplicación necesita ser personal.

Tercero, toda aplicación necesita ser específica. Esto implica que necesita apuntar al punto justo que se señala en el sermón.[89]

Una palabra final, en lo que toca a cualquier tipo de material de apoyo, tengamos el cuidado de no caer .

La **Conclusión**:

Se tiene que planificar cómo se ha de terminar. Si no se sabe, ¡podría darse una conclusión sin fin! Con un buen final, el predicador puede fijar en las mentes y el corazón de la audiencia los puntos clave y la necesidad de que produzcan cambios en sus vidas.

El improvisar puede dejar a la gente en confusión y se perderá todo el esfuerzo realizado, tanto en el proceso como en la comunicación. Se debe repasar la idea central (no sólo aquí). Un repaso de lo que la audiencia ha escuchado y dejarles con un reto o desafío para aplicar.

¿Cuáles son los objetivos de la conclusión? Aparte de terminar el sermón, la conclusión puede servir para hacer un repaso de los aspectos principales que se han expuesto. De hecho, no es repetir nuevamente el sermón, sino hacer una recapitulación del mismo.

Por otro lado, podemos hacer un fuerte énfasis en las aplicaciones sobresalientes con el propósito de que los oyentes puedan ver los aspectos de su vida en la que necesitan experimentar cambios.

Y un aspecto muy importante es el de llevar a los oyentes a tomar decisiones públicas. Aunque en esto tendremos el cuidado de no forzar decisiones que no ayudarán en nada a quienes las realicen.

¿Cómo podemos concluir un sermón? Por medio de preguntas que lleven a la reflexión. Por medio de un resumen y aplicación directa. Por medio de un ilustración apropiada.

---

[88] El Dr. Les Thompsom destaca los tres elementos de una buena predicación: La presentación o lectura de la Palabra, la explicación de la Palabra y la aplicación de la Palabra. Vea estos indicadores en los siguientes pasajes: Nehemías 8:5-8; Lucas 4:11-27; 1 Timoteo 4:13 y 2 Timoteo 4:2. Respecto a la aplicación el Dr. Thompsom dice que necesitamos plantearnos las siguientes preguntas: ¿Con qué fin predico este sermón? ¿Qué relación hay entre esta porción bíblica y la gente que me escuchará? ¿Cómo quiero que reaccione la audiencia ante lo que voy a decir? Y ¿Qué acción quiero que tomen los oyentes? Y dice: *"Si usted no da respuesta a estas preguntas, es porque no tiene un sermón; quizás tenga una charla, un discurso o un ensayo, pero no una predicación".*

[89] El Dr. David Suazo observa tres aspectos en relación a la aplicación: (1) somos responsables de aplicar todos los sermones. (2) somos responsables de hacer buenas aplicaciones. (3) las aplicaciones previenen al predicador de caer en el intelectualismo y emocionalismo.

Una vez más, como lo dije antes, cuando hay que terminar, hay que terminar. No alarguemos el sermón, aunque no hayamos cubierto todo lo que teníamos preparado.

Una sugerencia final: <u>Escribir el manuscrito</u> del sermón:[90]

Esta es la tarea final, escribir el sermón palabra por palabra, tal como lo predicará. El valor de este paso es para:[91]

(1) mejorar la dicción; es decir, le ayuda a encontrar las palabras que desea comunicar.
(2) seleccionar mejor las palabras que se dirán. No siempre en el momento de predicar tendremos la palabra adecuada.
(3) evitar la improvisación en el púlpito; no subamos pensando que todo saldrá bien y que el Espíritu Santo nos iluminará y dará las palabras necesarias en ese momento. Confiemos en él, pero vayamos preparados.
(4) controlar el tiempo, esto es muy importante.[92]
(5) mejorar el estilo y redacción. Un predicador siempre será observado en lo que respecta a su estilo. ¡Cuide que éste sea el mejor!
(6) buscar precisión y claridad en la comunicación y
(7) ayuda a recordar el contenido del sermón.

<u>Repasar</u> el sermón las veces que sea necesario:

El ensayo antes de predicar es una buena y necesaria práctica. Este sirve para poner atención en los elementos de la comunicación: la voz (volumen, tono, velocidad y pronunciación); los gestos (naturales, propios, claros); los ademanes (sueltos, propios para el lugar, amplios, pertinentes); el uso del cuerpo (postura, movimientos) y la ubicación 'geográfica' en el púlpito. Se puede practicar frente a un espejo.

De estos temas podríamos conversar un largo tiempo, pero lo dejaremos acá. En un principio fue mi intención incluirlos; sin embargo, lo dejamos para otro momento en que podamos ampliar algo más acerca de estos temas tan importantes. De todos modos, le sugiero consultar libros que desarrollan el tema con bastante amplitud.

Conclusión:

En los estudios o textos sobre predicación expositiva que existen dentro de nuestro contexto se mencionan varios pasos o etapas para preparar sermones expositivos. Los aquí enumerados son el resultado del trabajo de muchos maestros, entre quienes podemos mencionar a Haddon W. Robinson, Oscar López, David Suazo, entre otros.

Algunos proponen diez, doce y hasta quince etapas. Para efectos didácticos, se ofrecen aquí cuatro. Por supuesto, este estudio no es exhaustivo ni demasiado profundo,

---

[90] Incluyo como apéndice un modelo de manuscrito que puede serle de ayuda.
[91] El manuscrito no es para que usted suba a predicar y lea todo su manuscrito. Le servirá para practicar antes de ir a predicar. Mi sugerencia es que suba a predicar sin nada más que su Biblia, aunque al principio necesitará de un bosquejo para guiarse. Cuando uno se acostumbra a predicar expositivamente; es decir, a seguir lo que el texto enseña, el mismo pasaje le servirá de guía para su predicación. Leer un manuscrito puede resultar tedioso, aburrido y cansador. Puede dar la impresión de que uno no sabe lo que predica, pues cualquiera puede leer.
[92] En cierta oportunidad un predicador dijo a la congregación ¿cuánto tiempo tengo? Le respondieron: Tiene todo el tiempo que desee y necesite, pero nosotros nos vamos a las 9 y 30. Con eso sabía que tenía que terminar.

lo que se pretende es ofrecer una orientación y guía para los estudiantes que se inician en esta noble tarea y para aquellos predicadores (que a pesar de su experiencia) desean mejorar la calidad de presentación de la Palabra de Dios en sus iglesias.

No olvide lo que hicimos notar al principio, ***predicar sermones expositivos exige trabajo***. Requiere de mucho tiempo en oración y total dependencia del Espíritu Santo. Hay que tener cierto conocimiento de la hermenéutica, la exégesis, la teología y la comunicación. Cuando predicamos, es la presentación de una persona total, todo el trabajo en la preparación del sermón y toda la personalidad en la comunicación; el fin, entregar la Palabra de Dios de forma fiel y pertinente a los que la necesitan. Este es el santo reto y privilegio de quien desea predicar la Biblia. ¡No lo olvide!

Preguntas de Repaso:
1. ¿Qué es la comunicación?
2. ¿Qué aspectos incluye la comunicación del mensaje?
3. Recuerde: ¿Qué es la idea homilética o predicable?
4. ¿Por qué es necesario trasladar la idea o los puntos mayores a expresiones homiléticas o predicables?
5. ¿Por qué es necesario tener un bosquejo del sermón o mensaje?
6. ¿En qué manera ayudan la introducción, el propósito y la conclusión del sermón o mensaje?
7. ¿En qué manera puede ayudar el escribir todo el mensaje?
8. ¿Para qué es necesario repasar el mensaje antes de predicarlo?
9. ¿Por qué es tan importante tener una buena aplicación dentro del sermón?
10. Busque un pasaje que haya despertado su interés, luego trabájelo siguiendo cada paso del proceso enseñado. Finalmente; trace una o las aplicaciones que usted cree se extraen del pasaje.

Apéndice I
Modelo de manuscrito
Título:
El Perdón y La Culpa

Texto: Lucas 7:36-50

Introducción
"Sólo cuando nuestras cargas son tan grandes y pesadas se aprecia la ayuda del que toma nuestro yugo".

ALBERT SPEER en otro tiempo hubiese sido uno de los gigantes de la industria. Sin embargo, se trata de quien fuera el genio encargado de mantener las industrias Nazis a pleno vapor durante la Segunda Guerra Mundial. Como uno de los consejeros de Hitler, juzgado en Nuremberg, fue el único en admitir su culpabilidad de las atrocidades cometidas. Speer estuvo veinte años en la cárcel.

Durante esos años tuvo oportunidad de escribir mucho. En 1985, entrevistado a cerca de una declaración hecha en uno de sus escritos, el entrevistador le decía: "Ud. ha dicho que la culpa nunca puede ser perdonada y que no debería serlo". Speer, con una mirada de profundo dolor respondió al entrevistador: "Ya pasé 20 años en la cárcel y podría decir que soy un hombre libre, que mi conciencia está limpia por cumplir todo ese tiempo como castigo. Pero no puedo decirlo; todavía llevo la pesada carga de lo que pasó a esos millones de gente durante la vida de Hitler, y no puedo liberarme de eso".

La Palabra de Dios tiene buenas noticias para Speer y gente como él. Historias como ésta nos hacen pensar que **la verdadera culpa de un hombre no se mide según su maldad sino según su necesidad**. Mucha gente sufre del mismo conflicto de Albert Speer. Yo mismo tengo que confesar que conozco de cerca ese sentimiento; y lo más probable es que usted haya vivido también castigado por la culpa.

Hay otra historia casi tan dramática como de Albert Speer; lo que bueno e interesante es que su desenlace es totalmente diferente. Se trata de una mujer que sí encontró el perdón a su culpa. Analicemos juntos esta vibrante historia que se nos narra en el evangelio de Lucas 7:36-50. Este libro, es el primero de dos volúmenes: Lucas – Hechos. Se escribió para contarnos que el mensaje de Jesús es realmente el cumplimiento de los pactos y las promesas del Antiguo Testamento. Cristo es el segundo Adán, el hombre perfecto que se sometió al Padre para traer redención a la humanidad.

En los capítulos 4-9, vemos a Jesús haciendo discípulos entre todos aquellos que le buscan. El propósito de Lucas al incluir los milagros del capítulo 7:1-17, es el de preparar al lector para la entrevista entre Jesús y los discípulos de Juan. Jesús explica a sus seguidores en los versículos 18-35 el ministerio de Juan y el rechazo por parte del pueblo, tanto del ministerio de Juan como el de Jesús. Nuestro pasaje ilustra el rechazo del pueblo; también enseña que aquellos que siguieron a Jesús y a Juan son suficiente prueba de la veracidad de sus ministerios. Eso es lo que significa el v. 35. En ese contexto encontramos el pasaje de Lucas 7.36-50. Si tuviésemos que resumirlo en un solo pensamiento, a mi juicio sería:

Idea Central:
"Nuestra Necesidad de perdón nos hace Acudir a Jesús con Gratitud"

1. <u>**Nuestra necesidad de perdón nos hace buscar a Jesús:**</u> (vs. 36-38) (Leer el pasaje)

Imaginemos el cuadro: Nos encontramos en la casa de Simón, el fariseo; suponemos que este era un hombre pudiente y aún quizás le gustaba coleccionar celebridades. Los que saben del idioma original dicen que debiésemos traducir en el v. 36 "uno de los fariseos rogaba a Jesús…"; en otras palabras, le rogaba que comiese con él.

Hermanos, este salón es cuadrado. Las casas de la gente rica estaban construidas alrededor de un patio cuadrado y una puerta central. Jesús entró por esa puerta a este patio, donde con seguridad había un jardín y una fuente (algo muy común en esos días), y allí estaba servida la mesa porque hacía demasiado calor. Entra Jesús, hay gente que le sigue; toda clase de personas tenía libertad para entrar al patio para escuchar las perlas de sabiduría que saldrían de sus labios.

Habiendo entrado Jesús, el anfitrión debió hacer tres cosas: (1) Poner su mano en el hombre del huésped y darle el beso de la paz; esta era una señal de respeto que nunca se omitía en el caso de un distinguido rabino. (2) Como los caminos eran apenas veredas de tierra y como los zapatos consistían en suelas que se mantenían en su lugar por medio de tiras que cruzaban los pies, debió echar agua fresca sobre los pies del huésped para aliviarlos y limpiarlos. (3) Además, sobre la cabeza de Jesús debió haber puesto un poco de incienso o echar unas gotas de agua de rosas.

El fariseo parece haber olvidado/ignorado estas formalidades pues sabemos que Jesús se sentó en torno a la mesa recostándose sobre su brazo izquierdo para tener libre la mano derecha y comer. Entonces, el v. 37 nos dice que los movimientos de una mujer comienzan a atraer la atención y a causar asombro. Esta mujer camina resueltamente hacia donde se encuentra Jesús. Por los comentarios callejeros se enteró de donde estaba y fue a buscarlo. Se trata de una mujer cuya vida ha quedado marcada por la ciudad con todas sus maldades y contradicciones. Es la candidata perfecta para un milagro pues Lucas, al llamarla "pecadora", está diciendo que se caracteriza como una mujer que conscientemente vivía en oposición a la voluntad de Dios; digámoslo de una vez, su reputación se hallaba de boca en boca.

Ella sabía que la vida que vivía merecía la condena de la ley; merecía la muerte. Pero ya había escuchado las enseñanzas de Jesús y desde entonces su carrera de pecado desenfrenado encontraba continuos obstáculos en los rincones íntimos de un corazón cautivado por Dios. En lo más hondo de su conciencia sabía que el mensaje de Jesús era cierto: "Venid a mí todos los que estáis trabajados y cargados y yo os haré descansar". Sabía que el perdón de Dios era absoluto y gratuito y que estaba disponible a través de Jesucristo. Había visto en Él la mano que la levantaría del lodo de su vida. Esta convicción es la que le conduce, le atrae como un imán, casi le arrastra al Señor.

Sin embargo, la gente pasa de asombro a incredulidad. La mujer utiliza el frasco que traía alrededor de su cuello. Como todas las mujeres judías, tenía ese frasco de perfume concentrado, llamado "alabastro", el cual era de precio sumamente caro. El v. 38 dice que quiso volcarlo sobre los pies de Jesús porque era todo lo que tenía para ofrecerle. Pero al verlo, lloró y cayó a sus pies. Con sumisión y afecto, en señal de respeto producido por la gratitud, afectuosamente comenzó a besarle los pies. Esta mujer sabía que las cargas que más pesan son las que se llevan en el corazón. De modo que, es la necesidad de perdón la que conduce al pecador a Jesús.

Pero también vemos que…

2. **Nuestra necesidad de Perdón nos hace apreciar el valor del perdón que Dios ofrece:** (vs. 39-43) (Leer el pasaje)

Según el fariseo, coleccionista de celebridades, Jesús no sabía qué estaba pasando. Cada vez que Lucas explica que un personaje habla consigo mismo, como sucede aquí en v. 39, se trata invariablemente de alguien que no cree en Jesús. Usando una forma condicional, este fariseo dice: *"Este hombre no es profeta porque si lo fuera, conocería que clase de mujer es la que le toca, que es pecadora"*. Este hombre dialogaba consigo mismo, pero es Jesús quien le responde en el v. 40. Para explicar la conducta de la mujer, Jesús le cuenta una historia brevísima en el v. 41. Se trata de dos deudores. Uno debía unos Bs. 20.000 (1 Denario = 1 Jornal = Bs. 40.- por Jornal), y el segundo tenía una deuda diez veces menor, Bs. 2.000 Al no tener ninguno cómo pagar, el acreedor perdonó a ambos. La pregunta de Jesús fue: *"¿Quién de ellos amará más al acreedor?". Respondiendo correctamente, Simón dijo: "Pienso que aquel a quien perdonó más"*.

Toda la historia nos muestra el contraste entre dos actitudes. Simón no estaba consciente de que necesitaba algo y por eso no sentía amor hacia el Señor; la mujer sí era consciente de su necesidad, ella sabía que necesitaba perdón y por lo tanto estaba llena de amor por aquel que podía dársela, de modo que recibió el perdón que buscaba. Sólo cuando un hombre ha sentido las lacerantes heridas del pecado puede comprender la grandeza del perdón que Dios le otorga.

¡Qué peligroso es vestirnos con nuestra propia autosuficiencia! Empezar a creernos la propaganda que nuestro orgullo nos hace; digámoslo de una vez: **"el que contempla su propia justicia no ve su necesidad de Dios"**. La autosuficiencia cierra la puerta entre el hombre y Dios. ¡Qué contraste! En los vs. 39-43 vemos que la necesidad de perdón despierta la gratitud del pecador.

Pero además, y aquí llegamos al clímax de la historia...

3. Nuestra necesidad de Perdón nos hace amar a Jesús en proporción a nuestra necesidad: (vs. 44-50) (Leer el pasaje)

En los versículos 44-46 Jesús le recuerda a Simón que no ha cumplido con el protocolo oriental de la hospitalidad. Como aquella casa estaba llena de perfume, cada esquina del corazón del fariseo destilaba el perfume de su propia justicia. Por eso el trato que Simón le hubo dado a Jesús difería grandemente del que le había dado aquella mujer. El v. 47 dice "porque amó mucho". Jesús le estaba diciendo a Simón: "No es que no tengas necesidad de perdón; lo que estoy diciéndote Simón, es que el pecador que ha sido perdonado, naturalmente habrá de amar y agradecer a aquel a quien le perdonó".

Tan justo se sentía Simón que ni siquiera había dado a Jesús las cortesías requeridas porque no sentía necesidad de tratar a Jesús de manera especial. Aquí hemos ido un paso adelante; no es sólo que Simón no sintiese necesidad de perdón; es que aún cree que es superior a los demás, de donde ni siquiera brinda a Jesús las cortesías propias de su cultura. En cambio, la mujer, sabía que "**las deudas mejor canceladas no son las que se han pagado sino aquellas que han sido perdonadas**".

En el v. 48 Jesús cambia de interlocutor y se dirige a la mujer. La mira fijamente y le dice. "*Tus pecados te son perdonados*". La palabra que Jesús usa para perdón significa literalmente "soltar amarras", es liberar de una atadura. La mujer siente que un peso se ha quitado de sus hombros. En el fondo de su corazón ella sabe que no fue perdonada por su amor sino que su amor a Jesús se debe a que ella ha sido perdonada. Ella evidencia que ama a Jesús porque ella sabe que ha sido perdonada de mucho. Cuando Jesús pronuncia las palabras del v. 50 ella ya conoce el efecto de esa obra global que Dios ofrece a todo hombre y que aquí Jesús la llama salvación. Parece que ante Dios el mayor de los pecados es precisamente no estar consciente del pecado. Por eso, esta tercera parte de la historia ilustra que la necesidad de perdón hace que el pecador ame a Jesús en proporción a su necesidad.

Conclusión:

Quitar la culpa era la necesidad de Albert Speer. Dicho sea de paso; si usted quisiera escribirle a Speer para contarle esta buena noticia, permítame decirle que no será posible. Porque la entrevista a la que me he referido al principio, fue la última aparición pública que realizó, él murió poco después de ella. Usted y yo no moriremos así. Perdonar es quitar la culpa; levantar de los hombros del pecador esa pesada carga que parece sumirle los pies en la tierra; que hace sus pisadas más profundas.

Este pasaje nos enseña que no importa cuán santos seamos hoy, ni cuán protegido haya sido nuestro pasado, ninguno puede decir que Dios le ha perdonado poco. El perdón del Señor no puede sino multiplicar nuestra gratitud a Él.

Pertenece al: Lic. Guillermo Méndez L.
Guatemala

Apéndice II
La creatividad en la predicación

Introducción:

EMPEZARÉ DICIENDO que éste es tan sólo un intento breve acerca de un tema actual dentro de la predicación expositiva. El propósito es proveer algunas ideas respecto a cómo podemos hacer más atractivos nuestros sermones.

Por supuesto, hemos hablado en el último capítulo del manual acerca de material de apoyo en el sermón: ilustraciones, anécdotas, historias, explicaciones interpretativas, versículos bíblicos de apoyo, entre otras. Lo que nos proponemos hacer ahora es indicar algunas cosas que pueden ayudarnos en tan importante tarea.

Creatividad en la lectura:

Cuando usted piensa en la predicación piensa en lo más importante que tiene que comunicarle a su congregación. Es lo que dice la palabra de Dios o lo que usted dice acerca de la palabra de Dios. Pensemos, si se tiene una carta del presidente dirigida a la congregación ¿qué tendría más impacto, la carta del presidente o lo que usted dice acerca de la carta del presidente? El pueblo debe saber que lo que le digo viene de la misma palabra de Dios. Mi meta es levantar a Jesucristo y resaltar su palabra. Por eso quiero leer su palabra de una forma que animará a la gente de una forma que quiera obedecerla. Si ellos tienen el mismo interés que un niño cuando un padre le cuenta una historia antes de acostarse, entonces ellos tendrán también el deseo de leerla por su cuenta.

El problema es que muchas veces no leemos y cuando lo hacemos, lo hacemos mal. Por esto, la práctica en la lectura de la Biblia será muy importante. ¿Recuerda la historia que la misma Biblia nos narra respecto al momento cuando Esdras leyó la ley al pueblo? ¿Qué ocurrió? Hubo reacción de parte de los que escuchaban. ¿Por qué ocurrió eso? Porque Esdras leía colocando un énfasis especial en la lectura.

Permítame ofrecerle algunas ideas breves acerca de la lectura de la Biblia. Primero, leer bien las Escrituras bendice al que está leyendo. ¿Recuerda lo que dice Juan en Apocalipsis 1:3 – *"Bienaventurado el que lee,…"*.

Además, leer bien las Escrituras bendice a aquellos que escuchan. Y Apocalipsis 1:3 agrega: *"y los que oyen la palabra…"*. Pero no es por el simple hecho de escuchar, sino también por lo que ve. Por ejemplo, podría leer en forma dramatizada.[94] Por supuesto, esto no será algo que podrá practicarse cada vez.

Pero hay más, leer las Escrituras anima y lleva a la obediencia. Apocalipsis 1:3 termina diciendo: *"y guardan las cosas en ella escritas; porque el tiempo está cerca"*. Esto implica no sólo leer bien sino también con autoridad. Esta autoridad estará respaldada por una vida de obediencia personal.

Otro elemento importante, leer las Escrituras anima a la obediencia y la consolación aun en momentos difíciles. La experiencia de Josué acá es muy interesante. Josué e Israel habían vencido a Jericó y a otros pueblos en la conquista de la tierra prometida, con absoluta confianza fueron para atacar a Hai y el resultado fue derrota. ¿Qué fue lo que ocurrió? Dios le había dicho a Josué *"nunca se apartará de tu boca este libro de la ley, sino que de día y de noche meditarás en él, para que guardes y hagas conforme a todo lo que en él está escrito…"*. Josué atacó a Hai sin consultar a Jehová, ¿dónde tenía que consultarle? En el libro de ley.

Finalmente, el reto de Dios para nosotros es, leer, guardar y meditar constantemente en la Palabra de Dios. Pero también el de compartirla con los demás, esto hará un cambio en los que escuchen. No permitamos que nos escuchen a nosotros, hagamos que escuchen a Dios hablando directamente con ellos.

Le decía que podemos hacer una lectura dramatizada. Pero también puede hacerlo de forma antifonal; es decir, usted lee las partes donde Dios está hablando, y la congregación las partes donde se tiene la respuesta. Con esto, conseguirá que la congregación se sienta parte del texto y no tan sólo un espectador.

He escuchado decir que una lectura efectiva de la Palabra de Dios, resultará muy bien una vez que se ha explicado el texto sobre el cual se ha predicado. La idea es que cada uno de los que estamos involucrados en la tarea de la predicación, nos demos cuenta de la importancia de la Palabra en el culto de la iglesia.

Para terminar, no olvidemos que un aspecto central en la lectura es la vista. Los ojos trasmiten mucho más de lo que nos imaginamos. Por esto, el predicador necesita practicar la lectura (este será el resultado de una práctica diaria personal) siempre. Cuando le toque leer, estará tan familiarizado, que podrá leer casi mirando a la congregación sin tener que bajar la vista.

Creatividad de la lectura en el púlpito:

Sólo quiero darle algunos puntos importantes. El púlpito o plataforma necesita ser bien conocido por el predicador. Cuando llegue el momento de leer las escrituras y predicar acerca de ella, trate de ubicar a los personajes del pasaje en el lugar preciso.

Primero, necesitamos orientar nuestra mirada en un punto fijo del salón y en medio de la congregación. Ese es el punto donde ubicamos a Dios.

Al leer, puede darse una "oración extendida", es decir, Dios es mi punto de atención, de ahí al texto y paso a la congregación. Tratando de que no se pierda esa relación que debe existir entre el predicador y la congregación.

---

[94] Sociedades Bíblicas tiene una grabación de la lectura de la Biblia en forma dramatizada y que muchos utilizan.

Pero también puede darse una "oración reflexiva", es decir, no me enfoco en ningún punto en particular. Sino que pido a la congregación que centremos la mirada en el texto y juntos reflexionemos al estar leyendo. Ahí les podemos animar a preguntarnos: ¿Qué me está diciendo Dios? ¿Qué espera de mí? ¿Cuál es su demanda? En fin, preguntas que surgirán y trataré de responder a través del mismo texto.

Algo importante que los predicadores no debemos olvidar es el de mantener el contacto personal, sin importar la cantidad de personas en el salón. Seguramente pensará, ¿cómo puede ser eso? Si es posible hacerlo, fije sus ojos en una persona y de ahí vaya trasladándose uno a uno dentro de la congregación. Cuando digo personal, no me refiero a que se fije en alguien y ahí se quede.

Otro aspecto importante de la creatividad se da en cuanto a: volumen, gestos, ademanes, mirada, lectura, entre otros. Como predicadores necesitamos tener en cuenta que en muchas ocasiones, los gestos y ademanes dirán más que las mismas palabras que expresemos.

Cuado se tenga a más de un personaje en la lectura, se necesita dar tiempo a cada uno de ellos. Hay que actuar al personaje. Algo dijimos ya al respecto, pero lo amplío. Si habla Jesús, hable como si fuera Jesús dirigiéndose a la congregación. Si el que habla es uno de los fariseos o de los discípulos, procuraré hablar como si ellos lo estuviesen haciendo. Tenga cuidado con las pausas.

Finalmente, no olvidemos de leer la Palabra como Palabra inspirada por Dios.

El uso de la plataforma:

La ilustración abajo, intenta mostrarle como podrá moverse en la plataforma. Tome en cuenta que la parte delantera de la misma será el punto fuerte, junto al lado derecho. El lado izquierdo y atrás, siempre será más débil. Si el predicador hace uso de esto, podrá así ubicar a los personajes del pasaje a medida que vaya explicando el texto y haciendo las aplicaciones pertinentes.

¡Ojo! No tenga miedo. Use la plataforma y muévase con libertad en ella; pero tenga cuidado de cómo lo hace. Me explico, no pasee en ella por pasear, hágalo buscando los énfasis que quiere hacer de la lectura o de la predicación misma del sermón.

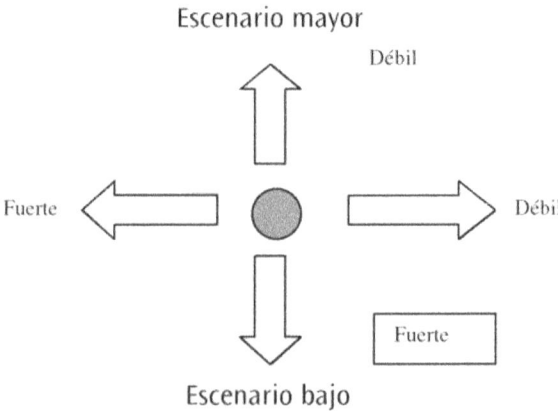

Aspectos de creatividad:

No predique siempre de la misma manera. Trate de que su sermón sea siempre atractivo. Alguien decía: *"Ser predicador es ser mendigo. Es decir, nos convertimos en mendigos, limosneros, siempre buscando cosas de la vida cotidiana que puedan vivificar y animar nuestras predicaciones"*[95]

Predicadores, predicar es darle a los miembros de la congregación lo que ya tienen -su propia vida e historia-, pero es dársela de tal manera que vean la presencia de Dios dentro de ella. Un ejemplo de creatividad es el mismo Señor Jesús. Sus prédicas se basaban en el uso de ejemplos sencillos, de imágenes y símbolos; todos ellos salidos de la experiencia diaria. Y este, es un método sencillo que cualquiera de nosotros podemos usar en nuestra predicación.

Da Ronn Washington señala: *"Cuando se trata de comunicar un mensaje en público, uno de los errores más grandes que veo que los líderes cometen es no ser creativos con su comunicación. Lo que quiero decir es que preparan muy buenos mensajes, pero no se toman tiempo para desarrollar el lado creativo de los mensajes que quieren compartir"*[96].

Al hablar de creatividad, podemos decir que existen dos tipos. Primeramente tenemos la creatividad natural. Es decir, ésta se manifiesta de forma natural en una persona. ¿Se ha encontrado alguna vez con personas que todo lo que hacen resulta interesante, creativo y que despierta el interés de todos los que escuchan? Estas personas, traen consigo esa habilidad.

Pero tenemos también la creatividad "de segunda mano"[97]. ¿Qué es esto? Se trata de que quienes no somos creativos, la tomamos de otros. Este tipo de creatividad es tan válida como la primera; pero requerirá de un trabajo extra por parte de nosotros. El Dr. Howard Hendricks comenta: "Cuando el gobernador de Carolina de Norte felicitó a Thomas Edison por su genio creativo, Edison negó que fuera un gran inventor. 'Pero, ¿no tiene usted más de cien patentes a su nombre? preguntó el gobernador'. 'Sí, respondió Edison, pero mi único invento original es el fonógrafo'".

DaRonn Washington da las siguientes sugerencias para quienes deseamos ser más creativos.

1. Use ilustraciones poderosas. Hay que reunir para cada punto clave una ilustración que resulte cautivante.
2. Busque y conviértase en una fuente de buenas ilustraciones. Es decir, cada vez que vez que escuche o vea algo atractivo y cautivante, anótelo. Alguna vez le servirá.
3. Tenga y familiarícese con fuentes de creatividad. Libros, revistas, páginas de Internet, etc. Serán una buena fuente de ayuda para aumentar la creatividad.
4. Conozca a fondo los diferentes tipos de elementos creativos y cuáles son sus propósitos. Por ejemplo: las citas son usadas para añadir creatividad. Las parábolas son usadas para traer puntos clave a las situaciones de la vida real.

---

[95] Tomado de un artículo: Un Macuto Lleno de Creatividad. Tomado de Internet.
[96] ¿Qué impide que esto sea posible? Al parecer, la costumbre o el mismo hecho de no querer trabajar más de lo necesario. Tomado de DaRonn Washington, Si su comunicación no es creativa, ¿qué está haciendo? Artículo tomado de Internet.
[97] Así la denomina DaRonn Washington.

Las historias son usadas para comunicar un punto o tema de forma humana. Las ilustraciones son usadas para añadir una nueva verdad a una verdad comprobada y conocida. Las canciones son usadas para despertar una respuesta de las emociones. Las imágenes (a través de videos, dvd's) son utilizadas para traer imagen y un sonido deseado.[98]

Pero todavía hay algo más que podemos decir acerca de este tema. Un poco arriba, señalaba que es muy importante analizar el método creativo de Jesús. Siguiendo casi los mismos parámetros citados anteriormente, le sugiero lo siguiente:

1. Observar: Siendo un buen observador aprendemos a reconocer la presencia de Dios en todas las cosas que ocurren a nuestro alrededor.
2. Preguntar: ¿Qué dice Dios en todo esto' ¿Dónde está Dios en determinada situación? No sólo en el texto bíblico, sino en las situaciones que se experimentan.
3. Apuntar: Tener un cuaderno de permanentes ilustraciones, experiencias, situaciones, etc. Estas servirán para el momento justo cuando las necesitemos.
4. Escoger: No debemos usar ilustraciones, experiencias, historias, sólo por usarlas. Cada una de ellas debe "dar" el mismo mensaje que el tema del sermón a predicar.

Ya nos estamos acercando al final. Quiero compartirle unos puntos finales acerca de la creatividad. En este caso, y siguiendo la ruta trazada desde el principio: **Todo sermón debe ser expositivo**. Pero esto no nos limita a pensar en tipos de sermón.

El sermón temático. En este, se comparte un tema bíblico que se fundamenta en un pasaje de la Biblia y apoyado por otros que siguen el tema. Solo tengamos cuidado de no sacar los pasajes utilizados de su contexto en el que se dieron.

El sermón sobre temas actuales: Esta sería una variante del sermón temático. La diferencia es que se trata de temas de actualidad en nuestra sociedad. Por ejemplo: ¿Qué dice la Biblia acerca del homosexualismo? ¿Qué tiene para decirme la Biblia acerca del consumismo? La idea es poder compartir con la congregación temas que a ellos les resulte de interés.

En el sermón temático partimos de la Biblia y vamos a la vida diaria. En el segundo, comenzamos en un tema de actualidad y llevamos a la congregación a la Biblia para que juntos veamos lo que Dios tiene para decirnos acerca de dicho tema.

El sermón biográfico: A muchos en la congregación les gustará poder identificarse con cierto personaje de la Biblia. Por esto, compartir de Abraham, de Esdras, David, Moisés, Elías, entre otros; les permitirá sacar principios aplicables a la vida de cada uno.

El sermón dramatizado: Este puede ser una variante del sermón biográfico. Algunos le llaman el "monólogo dramático". Al igual que en el sermón biográfico, el predicador comunica una idea homilética al describir un punto en la vida de un personaje bíblico o suceso de la Biblia. La diferencia en este caso, es que el predicador asume el rol del personaje bíblico. El sermón se presenta como si el predicador fuera el mismo personaje

---

[98] DaRonn Washington, artículo citado de Internet.

bíblico. Por ejemplo, ya no dirá "*Y Elías comenzó a burlarse de los profetas de Baal*" sino, "*Y comencé a burlarme de los profetas de Baal*". Hasta se puede, el predicador, vestirse con una ropa de la época para hacer más real su papel. Me pregunta ¿le cuesta aceptar una forma así de predicar? ¡Pruébelo! Y le puedo asegurar que muchos en la congregación no sólo querrán volver a experimentar un sermón así, sino también que no lo olvidarán tan fácilmente.

En este, una variante puede ser el de buscar gente apta para el teatro y darle un papel dentro del sermón. Es decir, que dramaticen cierto aspecto del sermón que concuerda con algún aspecto de la vida de la congregación. Esto hará que éstos puedan sentirse identificados más de cerca con los personajes bíblicos.

Finalmente, el sermón de libros enteros: No será una tarea fácil, pero se puede estar seguro de que la congregación será realmente edificada en todo el consejo de Dios.

Una idea final, busque a alguien en la iglesia que sea un o una buena intérprete de himnos o canciones. Luego, encuentre himnos o canciones que concuerden con el tema o idea central del sermón. Puede intercalar un himno o canción después de cada uno de los puntos principales. De hecho, el sermón no debería tener más de dos o tres puntos mayores.

Una observación breve, pero necesaria:

En un artículo tomado de Internet, el autor dice: "*La filosofía ministerial identificada con el eslogan 'contemporáneos en el estilo, pero conservador en la doctrina*".[99] No olvidemos algo, hemos sido creados por un Dios creativo. Por lo tanto, necesitamos ser creativos para presentarlo a Él y a su mensaje a la congregación.

Sin embargo, atrevámonos a introducir cosas nuevas, pero sin violentar la verdad de Palabra de Dios. Demos paso a la creatividad en nuestra comunicación, pero mantengamos firme nuestra fidelidad a Dios y Su palabra.

Conclusión:

Es mi deseo que estas sencillas notas del presente manual sobre predicación expositiva, sirvan para ayudar a todos aquellos que estamos seriamente comprometidos con la proclamación de la Palabra de Dios a la gente. Lo importante de todo, será el de mantenernos firmes y tendremos de Dios la recompensa que Él desee darnos a en su momento

Por esto ¡atrévase! Sea un predicador expositivo y todo el consejo de Dios llegará al corazón de la gente.

¡Dios le bendiga!

---

[99] Miguel Muñoz, El mensaje, inmutable; el mensajero, adaptable. Tomado de Internet.

LA CARGA PREOCUPANTE DEL PASTOR

por Les Thompson

Introducción

CUANDO SE TRATA el tema de la técnica de la predicación —tan importante que es— siempre me gusta añadir algo sobre el espíritu que debe acompañar esa técnica. Debo admitir que me gusta predicar. A su vez decir que predicar siempre me llena de temor: es tan fácil ponerme a mí detrás del púlpito en lugar de hacer que Cristo sea el que es glorificado. Por eso añado estas palabras al estudio magnífico que nos ha preparado nuestro querido colaborador, Juan Medina. Repito: al aprender las técnicas no olvidemos el espíritu que debe acompañarla.

Al hablar de predicación quiero reconocer a mi querido padre, Elmer Thompson (pastor Bautista), que por su ejemplo y nobleza como fiel predicador del evangelio de Jesucristo me dejó un gran ejemplo de lo que es un predicador en su persona y cómo debe predicarse ese mensaje tan sagrado.

En segundo lugar, quiero agradecer a un escocés que nunca conocí, Ian MacPherson, pero que con un texto que escribió sobre la predicación cambió tanto mi estilo como mi contenido. El libro en inglés lo tituló **LA CARGA DEL SEÑOR** (es un viejo libro que fue editado en 1855 por una editorial metodista, y lo encontré en una librería con una colección de libros usados). Lo leí a principios de mi ministerio —hace, cincuenta años ya— y fue al leerlo que me di cuenta que predicar es mucho más que aprender una técnica, o reunir unos pensamientos, o aprender como mantener la atención de un público por una hora. Algo de ese sentir y de esa comprensión de lo que es de veras predicar que me enseño MacPherson se lo comparto en los siguientes párrafos. En los pensamientos que siguen citaré libremente algunas de las ideas e ilustraciones de aquel dotado siervo del Señor. Por supuesto, habrá una mezcla de lo mío con lo suyo.

Lo pedido por Cristo Jesús

Poco antes de fallecer, Will Durant (1885 – 1981), el gran historiador escribió las siguientes líneas a su esposa (aparecieron en la dedicatoria de su famoso libro *La historia de la filosofía*):

Crece fuerte compañera, para que puedas asentarte firme
cuando caiga yo, así iré confiando en que
los fragmentos regados de mis canciones retornarán
compuestos por ti, en más perfectos cantos;
mi corazón así se aquietará, confiado en que
lo que yo al pasar dejé, tú a más profundidad llevarás.

Cuando Cristo se despidió expresó a sus discípulos un deseo con tono parecido:
Id, pues, y haced discípulos de todas las naciones, bautizándolos en el nombre del Padre y del Hijo y del Espíritu Santo, enseñándoles a guardar todo lo que os he mandado; y he aquí, yo estoy con vosotros todos los días, hasta el fin del mundo (Mateo 28:19-20).

La tarea difícil que nos dejó

Ser ministro del Señor Jesucristo no es cosa del todo fácil. Dijo el famoso predicador T. T. Forsyth:

"Algunas personas piensan que es una cosa dulce y fácil el hablar de Jesús. Leen las lindas historias acerca del Niño Jesús, de la Navidad, de la invitación que hizo a los niños a venir a él, y piensan que ha de ser una cosa fácil y sencilla ser un ministro y llevar ese dulce mensaje al mundo. Pero cuando vienen las tempestades enseguida descubren que la carga de anunciar a Cristo al mundo es muy, pero muy pesada, una carga dolorosa, una carga que solo los más fuertes pueden llevar".

Alejandro Gammie, autor y periodista, cuenta de un predicador que se levantó y con urbanidad y obvia facilidad de palabra dio su mensaje. Luego un anciano que estaba a su lado comentó: "Al oírlo me di cuenta que era un hombre de experiencia y conocimiento, y que se veía muy seguro en el púlpito. Lo que no me gustó era que tenía tanta confianza en sí mismo que no parecía tener ningún sentido de carga o preocupación por la alta responsabilidad que su oficio representa".

Y es precisamente sobre ese tipo de carga —o preocupación— que queremos tratar. Bien podríamos preguntar:
1. ¿Habrá realmente un sentido de carga o responsabilidad que ha de llevar un pastor?
2. ¿Cuál es esa carga, si es que la hay?
3. ¿Cómo ha de descargar esa responsabilidad?

La Carga Del Señor

Al pensar sobre las varias cargas significativas que debe llevar el predicador, podemos identificar cuatro que son importantes.

1. LA CARGA DE LA ETERNIDAD
¿Cree usted que nuestros feligreses consumen mucho tiempo pensando acerca de la

eternidad? Puede que piensen en la eternidad cuando cantan alguna canción evangélica que menciona el cielo. Puede que piensan en la eternidad cuando alguien en la familia está gravemente enfermo, o por la muerte de un amigo o pariente

No cabe duda que la mayoría están consumidos con pensamientos de esta vida presente. Cómo pagar la renta, cómo avanzar en su empleo, cómo lograr la educación de sus hijos, cómo ganar más dinero, o cómo mejorar sus condiciones generales de vida. Raras veces se detienen para pensar que la vida en el mundo es tan corta y que la eternidad es muy pero muy larga.

Es precisamente sobre este tema que nosotros como predicadores tenemos el deber de impartir una carga: hacer a la gente comprender que viven a un respiro de la eternidad. La vida es pasajera. ¿De qué vale al hombre ganar el mundo si pierde su alma? Tenemos el deber de recordarles el dicho de Salomón: "¡Vanidad de vanidades, todo es vanidad!"

En su texto MacPherson habla de un amigo predicador llamado Bengel, que decía: "Mi carga principal no es el estado débil físico de mi cuerpo, ni mis aflicciones relativas, ni los ataques que me hace la gente —aunque he sufrido de todas estas cosas. Lo que tengo firmemente latiendo en mi corazón es esa carga de la eternidad".

No hay predicador que predique con poder si no conoce esta carga. Este es el tema que nos da urgencia, que nos hace sentir la gran responsabilidad que tenemos, puesto que todos estamos en camino a la eternidad. ¿Estamos preparados? A su vez, ¿debe ésta ser la única carga que nos preocupa?

2. LA CARGA DE NUESTRA PECAMINOSIDAD

Esta es una carga extraña para un predicador. ¿No hemos sido librados de nuestros pecados por Cristo? ¿No hemos experimentado el perdón? ¿No nos ha separado Cristo de nuestro pecado como el este está del oeste?

Hagamos una aclaración: no se trata de una carga por pecados cometidos, de eso si nos ha librado Cristo. Hablamos de otra carga, la carga de nuestra tendencia pecadora, de nuestra pecaminosidad. Como nos dice 1 Juan 1:8: "Si decimos que no tenemos pecado, nos engañamos a nosotros mismos, y la verdad no esta con nosotros". El capítulo 2, versículo 1 dice: "Hijitos míos de estas cosas he escrito para que no pequéis; y si alguno hubiere pecado, abogado tenemos para con el Padre, a Jesucristo el justo, y el es la propiciación por nuestros pecados".

Pensemos de la carga de pecaminosidad que llevaban los grandes santos del pasado. A cuenta de esa carga el apóstol Pablo confesaba que el era el más grande de los pecadores, y el menor de los apóstoles. Un santo de las eras pasadas llamado Lancelot Andrews confesaba: "Soy hecho de pecado". Alexander Whyte, uno de los más prominentes predicadores en la historia de Escocia, decía de sí mismo: "Soy el peor hombre de Edimburgo". Un amigo mío, Jerry Miller, acostumbraba a orar: "Señor tu eres tan bueno... yo soy tan malo".

¿Qué querían decir al hablar así de sí mismos? Cada uno tenía consciencia de sus debilidades como hijos de Adán. Como dice Romanos 5:12: *tal como el pecado entró en el mundo por un hombre, y la muerte por el pecado, así también la muerte se extendió a todos los hombres, porque todos pecaron.* La sangre de Adán que fluye en nuestras venas nos hace a todos propensos al pecado. Las tentaciones nos atraen y fácilmente caemos. Como admitía el mismo apóstol Pablo: *en mi carne, no habita nada bueno; porque el querer está presente en mí, pero el hacer el bien, no. Pues no hago el bien que deseo, sino que el mal que no quiero, eso practico* (Romanos 7:18-19). Y a la vez, como Pablo, damos gracias a Dios por Jesucristo que nos ha perdonado y con su sangre nos limpia de todo pecado. Cada uno de nosotros queremos ser más y más como Cristo. La carga de nuestra pecaminosidad es algo que Cristo impone sobre los que predicamos el evangelio. Esa es la carga que nos hace buscar a Cristo y reclamar su poder para vencer todo pecado.

Debo explicar que dar alguna expresión de menosprecio, como hicieron estos grandes hombres de Dios, no es meramente hipérbole piadosa, estas citas que mencionamos representan las palabras de hombres honestos que se han confrontado con sí mismos. Como decía Richard Baxter: "En mis días de juventud me preocupaba principalmente por mis pensamientos, palabras o acciones. Pero ahora me estorban mucho más todos esos defectos y omisiones internos de mi carácter, por la falta que tengo de exhibir la gracia divina en mi alma como debiera. Esas fallas representan la carga o las preocupaciones más profundas de mi vida."

Pero por importante y real que sea esta carga de nuestra pecaminosidad, no podemos permitir que sea la que más absorbe nuestro pensamiento, ni que llegue a ser el tema principal de mi predicación. Si siempre habláramos sobre esta realidad en nuestra predicación, nos convertiríamos en pesimistas, seríamos unos morbosos, y gente triste y sin gozo. Pensemos en otra de nuestras cargas.

3. LA CARGA POR LAS ALMAS

Recuerdo, en 1956, mi primer viaje a la Ciudad de México. Había escuchado que sólo dos por ciento de la población verdaderamente conocía a Cristo. Recuerdo caminar por las calles llorando, preguntándome: "¿Qué puedo hacer para que estas multitudes conozcan a Cristo?" Al ver a todo aquel gentío realmente sentí una carga de Dios por esas almas y mi corazón parecía quebrantarse.

Juan Wesley, el famoso predicador y reformador inglés, decía: "¡Qué gran carga siento por mi pueblo!"

Se cuenta de un gran pastor escocés, Juan Welch, que pasaba largas horas de rodillas, aun en las noches invernales, orando y agonizando en la oscuridad, con una simple frazada tirada sobre sus hombros para protegerle del frío —su esposa suplicándole que se acostara para recibir el descanso que necesitaba. Entre lágrimas decía: "O, mujer, tengo a mi cargo las almas de tres mil personas, y son tantas que sufro porque no sé cómo van las almas de muchos de ellos".

Juan Bunyan, autor del Progreso del Peregrino, llegó al punto en su ministerio que decía que prefería ver a un hijo propio morir que contemplar morir a los amigos que no tenían a Cristo.

¿No cree usted que esta carga por las almas debe por cierto ser parte importantísima de nuestra preocupación como pastores?

Pero hay otra carga todavía que, a mi juicio, es la que debe ser la carga principal de todo ministro del evangelio, y es la carga del mismo Señor.

4. LA CARGA DEL MISMO SEÑOR

¿Qué queremos decir con la "La carga del mismo Señor"? Cuando damos definiciones neo-testamentarias de la predicación, no hablamos de predicar religión, ni de predicar cristianismo, ni tampoco enfatizamos predicar el evangelio. ¿De qué hablamos? ¡Hablamos de predicar a CRISTO! De la suma importancia del Verbo de Dios, de con fidelidad dar a conocer esa "Palabra" de Dios.

Aquí está la evidencia de esta carga que debe ser nuestra:
(1) Se dijo de Pedro y los apóstoles: *"No cesaban de enseñar y predicar a Cristo Jesús"*
(2) De Felipe, el diácono evangelista, se nos dice: *"Descendiendo de la ciudad de Samaria les predicaba a Cristo"* (Hch 8:5).
(3) Era el mensaje del apóstol Pablo desde su comienzo hasta su muerte, porque donde quiera que iba, dice Hechos 9:20, *"Enseguida predicaba a Cristo en las sinagogas"*.

Recordemos la misión que nos dio nuestro Salvador: "Pero recibiréis poder, cuando haya venido sobre vosotros el Espíritu Santo, y me seréis testigos en Jerusalén, en toda Judea, en Samaria, y hasta lo último de la tierra" (Hechos 1:8).

Predicar no es cosa de dar una serie de reglas éticas. No es anunciar una teoría filosófica nueva. No es proclamar un programa social y humanitario. Tampoco es hacer un énfasis sobre milagros fenomenales. Nuestro contenido distintivo se puede resumir en una sola palabra: ¡CRISTO!

Esto lo vemos en Mateo 28:6-7: "No se asusten. Yo sé que están buscando a Jesús, el que murió en la cruz. No está aquí; volvió a vivir, como lo había anunciado. Vengan, vean el lugar donde habían puesto su cuerpo. Y ahora vayan de inmediato a contarles a sus discípulos que Él ya resucitó, y que va a Galilea para llegar antes que ellos. Allí podrán verlo. Este es el mensaje que les doy".

También lo dice Lucas 24:47-48: "Ustedes deben hablar en Jerusalén de todo esto que han visto". Y Marcos 16:14: "Finalmente se apareció a los once mismos, estando ellos sentados a la mesa, y les reprochó su incredulidad y dureza de corazón, porque no habían creído a los que le habían visto resucitado".

¿Qué queremos decir con "Predicar a Cristo"?
No queremos decir predicar acerca de Cristo:

Uno puede predicar acerca de Confucio, Buda, Mahoma, Sócrates, Bolívar y aún acerca de Cristo, pero eso no es predicar propiamente teniendo incluido el contexto de lo enseñado en el Nuevo Testamento.

Por ejemplo: hablando de Cristo puedo contar donde nació, quién fue su padre, cómo fue su nacimiento; puedo hablar de sus palabras, de su hombría, de sus milagros, aún de su muerte. Pero de igual forma podría hablar de Confucio, de Buda, de Mahoma, de Sócrates, Nietzche o Fidel Castro.

Predicar a Cristo es más que tomar un texto "precioso" de la Biblia y adornarlo con retórica, palabrería y verbosidad por cervantino que luzcamos. No es explicar palabras complicadas del griego o elucidar el hebreo, e incluir ilustraciones emotivas y pertinentes.

Predicar a Cristo significa:
1. Sumergirnos en Su divina persona, es decir, hablar de todo lo que es Dios:
   - su señorío
   - su obra redentora
   - su humillación
   - su vida
   - su muerte expiatoria
   - su poderosa resurrección
   - su presente gloria a la diestra del Padre
2. Empaparnos de su ética, sus enseñanzas y su ejemplo.
   Positivamente:
   - Predicar a Cristo implica hablar de nuestra conducta y compararla a la de Cristo.
   - Es sacudir a los cristianos friolentos y prenderles en el fuego divino que produce:
     -una conducta personal santa
     -una actividad vigorosa
     -una vida transformada que actualiza los ideales cristianos
   Negativamente:
   - Predicación sin la ética de Cristo es predicación fría, formal, carente de empuje moral.
   - Predicación sin la ética de Cristo nos lleva al fanatismo
     -Nos lleva al sentimentalismo tan de moda hoy, que deja al hombre pensar cómodamente que Dios es todo amor, y todo lo que soporta, un mundo donde desaparece el pecado, el castigo y el juicio divino.
     -Nos lleva a una religión no práctica, donde llegan los cristianos a sentarse en unas bancas todos los domingos para aprender lindas historias bíblicas, oír cuentos de la antigüedad y salir iguales como entraron.
3. Predicar a Cristo comprende imbuirnos de sus propósitos eternos.
   - El mundo no es una nave espacial sin propósito y sin rumbo
   - El hombre no es un accidente de la evolución
     -Este mundo tiene un Creador que ha preparado un destino para toda persona.
     -Este mundo tiene un Gobernador que supervisa y controla poderosamente y con sentido infinito todo lo que sucede.
     -Este mundo tiene un Juez que en su segunda venida silenciará a toda boca con su absoluta justicia

-Este mundo tiene un destino y un futuro glorioso y perfecto cuando todo ser viviente cantará "Gloria a Dios en las alturas y en la tierra paz y buena voluntad entre los hombres".

-Nuestra historia humana tendrá una gran conclusión cuando Cristo regrese.

La identificación del predicador con la carga del Señor

Dice el autor MacPherson: "Predicar es algo glorioso, sublime, portentoso. Es una actividad sobrenatural, es la transmisión de una Persona (Cristo) a través de una persona (tú y yo) a una agrupación de personas, de tal forma que vean al Cristo eterno.

Continúa MacPherson:

"La predicación cristiana no es una mera palabrería, aun cuando las hayamos tejido sobre un lienzo literario bajo las reglas del arte de la retórica. La predicación cristiana es infinitamente mucho más: es la comunicación de la Palabra, es llevar a cuestas esa carga en nuestros mensajes, muy concientes de que esa carga es la carga del Señor. No es sencillamente la carga que el Señor impone sobre nosotros, sino esa carga es el mismo Señor Jesucristo. Así que la predicación es algo glorioso, sublime, portentoso. Es una actividad sobrenatural, es la transmisión de una Persona a través de una persona, a una compañía de personas. Pero la Persona presentada es nada menos ni nada más que el Cristo eterno.

Añade MacPherson:

"Cada verdadero sermón es un Belén." [Nótese cuidadosamente este ejemplo que usa:] "Por encima del sermón trasluce la gloriosa estrella. Como si fuera un fondo musical, se oye el son de los felices ángeles. Al oírlo, hombres de sabiduría traen sus regalos y allí se postran, y el mundo se alegra por la venida del Salvador. Así como históricamente María fue la intermediaria por la cual Cristo se hizo hombre, de una forma muy parecida el predicador llega a ser el intermediario de Dios a la humanidad a través de su mensaje".

Lo que nos enseña la versión Vulgata Latina del "Logos"

Es curioso notar que en la versión latina del Nuevo Testamento se traduce la palabra logos de Juan 1:1 con la palabra latina sermón (es obvio que de la palabra logos viene el sentido de nuestra palabra hispana sermón). Como un ejemplo para saber como se leía en el latín interpongamos la palabra sermón allí en los primeros dos versículos de Juan I

"En el principio era el Sermón, y el Sermón era con Dios, y el Sermón era Dios."

¡Que definición más hermosa para un sermón! Pudiera al principio parecer muy atrevida y presuntuosa; pero cuando de veras se ha llenado el predicador del evangelio por el Espíritu Santo —y no presenta una prédica defectuosa o forzada por sus limitaciones humanas— él puede con justificación hacer ese reclamo tan estupendo.

En su pequeño volumen que lleva por título *Predicción*, el gran predicador Campbell Morgan nos indica que aunque en nuestras biblias la palabra verbo (que quiere decir "palabra") viene con mayúscula, en el original no se hace esa distinción. Para notar la implicación, citemos a dos textos, primeramente Juan 1:14:

> "Y la Palabra fue hecha carne y habitó entre nosotros."
> "Y ellos… fueron por todas partes predicando la Palabra."

Notarán en sus Biblias que los traductores usaron la mayúscula al decir "Palabra", sin embargo en el original no tiene mayúsculas. Es glorioso pensar que Cristo, la Palabra de Dios, es encarnado en nosotros por nuestras palabras si hemos sido fieles en nuestra predicación. La importancia de tal declaración es obvia: la verdadera predicación no es nada menos que la comunicación del Cristo eterno a través de un predicador humano consagrado.

¿No será así como los grandes predicadores de la historia han interpretado su deber?
- Un padre del Segundo Siglo dijo:
"Si fueran los altos cielos mi púlpito y mi audiencia las huestes de los redimidos, Jesús, y solamente Él sería mi texto".
- Martín Lutero:
"Siempre predicamos a Cristo y sólo a Cristo, Dios verdadero y hombre verdadero: eso pudiera parecer un tema monótono y limitado, algo que con poco sermones se agotaría, pero la verdad es que es inagotable."
- Alexander Maclaren:
"Mi tema siempre es Cristo Jesús, no solo el de los evangelios, pero también el Cristo de los evangelios y las epístolas".

Al identificar nuestra palabra con la Palabra de Dios, es fácil pensar que nosotros como personas somos más de lo que verdaderamente somos. Tenemos que decididamente rechazar todo pensamiento parecido. Somos sencillamente los canales que Dios usa. Somos mendigos contándoles a otros mendigos donde encontrar pan. Somos, como Pablo dijo, el era el más grande de los pecadores, y el menor de los apóstoles —el más indigno de los siervos de Dios. A su vez, como predicadores somos la tuberia a través de la cual fluye el agua de la vida.

El autor MacPherson usa el símil del tronco de un árbol vigoroso por el cual fluye la savia a cada fibra. "Cuando la Palabra nació de María no lo hizo transmitiéndose milagrosamente sin participar de la naturaleza y sustancia de ella. Al contrario, el se apropió de la misma carne y sangre de ella…y así también es con el ministro y su mensaje. Cuando de veras se predica, cuando la palabra se comunica con vida, la personalidad del predicador no es pasiva. Lejos de ello. Únicamente cuando todo el poder de su facultad y habilidad son unidos armoniosa y vigorosamente es que se proclama propiamente la Palabra Divina. Nunca olvides que únicamente predican aquellos que llegan a agarrarse con el alma y cuerpo de las grandes realidades de Cristo y su redención".

Ilustraciones

Se hablaba del predicador que "Jugaba con un precioso texto, dándole vueltas y vueltas de aquí para allá sin nunca llegar a nada".

Un tal W.R. Maltty dijo de un predicador: "Habló de grandes cosas y las hizo aparecer chicas; habló de cosas santas y las hizo aparecer comunes; y habló de Dios, y le hizo a aparecer sin valor".

Un historiador holandés, criticando a los predicadores de su siglo, dijo: "Al predicar un sermón sobre el Advenimiento de Cristo solo enfatizaban el establo; para el sermón de Epifanía (cuando Jesús se da a conocer), enfatizaban cómo dar buenos consejos; para el sermón de Resurrección hablaban de los beneficios de las caminatas (como los que caminaban hacia Emaus); y los que usaban el tema del Pentecostés para hablar sobre la embriaguez". Totalmente perdían u ocultaban con sus palabras el verdadero sentido del evento. ¡Qué triste la condición espiritual de un pastor que toma textos sublimes y los convierte en temas triviales!

Nuestro deber es predicar a Cristo en toda su gloria y majestad. Qué fácil es achicarlo y humanizarlo hasta el punto que pierda su poder y señorío. Años atras oí un programa de Oral Roberts. Recuerdo como me alarmé al oírle anunciar que iba a construir la mayor imagen de Cristo que se ha construido sobre el mundo, una imagen de 300 metros de altura a un costo de varios millones de dólares. ¡Qué monstruosidad; pensar que al que ni el mundo ni el universo pueden contener, ahora un hombre pretende reducirle a una estatua de 300 metros! Pero no seamos ligeros en criticar a Oral Roberts. ¡Cuántas veces yo, y posiblemente tú, hemos achicado a nuestro glorioso Salvador a través de nuestras palabras predicadas!

Predicar es una tarea gloriosa, sublime, y portentosa. Es una actividad sobrenatural, es la transmisión de la persona de Cristo a través de mi persona como predicador a una compañía de personas que Dios me ha dado como mi responsabilidad. ¡Que Dios nos ayude a serle fiel!

Una identificación penosa

Un hombre, dice Maclaren, "debe comenzar temprano en su ministerio, a tratar grandes temas. Como un atleta adquiere fuerza al hacer fuertes ejercicios, de igual forma un predicador debe ejercitar sus fuerzas al tratar grandes textos bíblicos. Mientras mas lucha mas poder adquirirá".

Pero que se trate grandes temas no quiere decir que estos serán "grandes" sermones. Y aquí nos viene una advertencia: "Nunca busques ser grande: tal búsqueda y tal grandeza te hará chico". La grandeza, si es que nos ha de alcanzar, nos llegará sin nosotros saber que ha llegado. Hay una petición antigua que nos viene de la liturgia Morava que dice: "Del deseo infeliz de llegar a la grandeza, líbrame Señor".

Dijo otro gran predicador Henry Ward Beecher: "Cada joven que aspira a algo quiere hacer grandes cosas y predicar grandes sermones. Debe recordar que grandes sermones, en el 99 por ciento de los casos, son mera paja." Debemos tratar grandes temas y hacerlo con empeño, como el que sube una montaña y de lo alto contempla las grandes maravillas que ve.

Conclusión
Permítame dos sugerencias finales:
1. **Luche para ser entendido**

    El hecho de que prediquemos a Cristo no implica que hayamos de dar un discurso pedante conteniendo toda la grandeza de la doctrina cristiana. A Cristo lo podemos ver desde una infinita variedad de ángulos y mostrarlo de una multiplicidad de aspectos. No te hagas la falsa idea de que puedes condensar todas estas cosas tan sublimes en un sermón, pues no solo te saldrá denso pero sería un sermón demasiado extenso. Un sermón solo puede captar y reflejar claramente una faceta de la persona de Cristo a la vez, y la prudencia nos dictaría que sería una pretensión insensata procurar poner todo nuestro conocimiento acerca de Cristo en un solo sermón. No olvidemos la pobreza de nuestro pensamiento humano finito cuando tratamos al ser infinito. Un consejo importante: ¡sabio es el predicador que deja algo para mañana!

2. **Busque la manera de predicar a Cristo, con grandeza, pero también con variedad**

    Viene a mi mente el hermoso paisaje que hay en el camino entre Bariloche en Argentina y Osorno en Chile. Es un calidoscopio de hermosura. Cada vez que lo cruzo veo algo distinto. De Argentina uno sale de las tierras áridas y desiertas para enfrentarse a la rica cordillera que llena el horizonte. Hay montañas que traen a la mente toda clase de pensamientos. Uno toma la carretera hacia el Oeste y pronto en lugar de hierba seca se encuentra con poderosas montañas y árboles que levantan sus verdosos brazos en alabanza a Dios. Al lado, para completar el escenario, se ve el interminable lago con sus aguas refrescantes. Al hacer el cruce somos llevados hasta las cumbres para luego hacer un leve descenso a los ricos y verdes prados que adornan el paisaje de la bella ciudad de Osorno. En sentido parecido así es Cristo. Siempre vemos en Él otra vista, otro paisaje, otro reto. La vida entera no será suficientemente larga para contar todo lo que Él nos es.

www.ingramcontent.com/pod-product-compliance
Lightning Source LLC
Chambersburg PA
CBHW032212040426
42449CB00005B/565